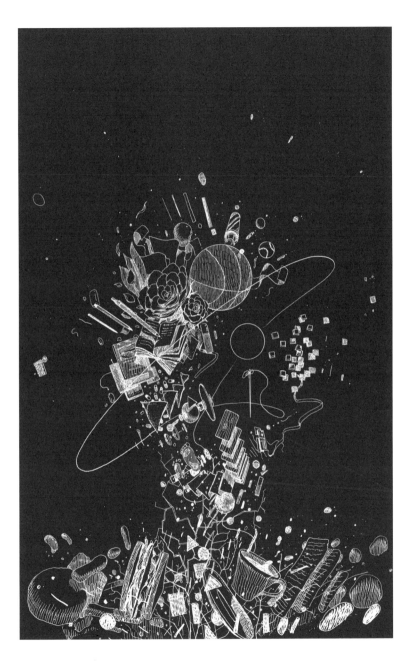

記憶する体

새겨진 기억은 어떻게 신체를 작동시키는가

기억하는 몸

이토 아사 지음
김경원 옮김

ᘐ 현암사

차 례

에피소드 11 │ 기억할 수 없는 몸

에필로그 │ 신체의 고고학 ─ 286

프롤로그 │ 몸의 고유성

몸에 관한 연구에서 흥미로운 지점은 합리적으로 설명할 수 없는 부분이 반드시 남는다는 것입니다. 저는 지금 이 원고를 집 근처 카페에서 쓰고 있습니다. 이제까지 집필한 책이나 논문 같은 글은 모조리 이곳 카페의 자그마한 테이블 위에서 썼습니다. 더할 나위 없이 익숙한 우리 집 공부방이나 대학 연구실에서는 글을 쓰지 못하기 때문입니다.

왜 그런지 설명할 수는 없지만, 저는 '어떤 목적을 위해 마련된 장소'에는 잘 적응하지 못합니다. 연구를 위한 실내 공간에 있으면 몸이 움찔거려 집중할 수 없고, 글을 쓰기 위한 서재라고 생각하면 딴짓이 하고 싶어집니다. '일부러 마련해놓은 장소'에 있으면 어쩐지 주어진 대본대로 연기해야 하는 배우가 된 듯 갑갑하고 근지러운 기분이 듭니다.

이와 대조적으로 카페에 있으면 공간으로 섞여 들어가는 일이 어렵지 않습니다. 옆 테이블에는 안정기에 들어선 임산부가 남동생의 결혼식에 참석하기 위해 하와이로 날아가야 할지 말지를 두고 친구들과 의논하고 있고, 반대쪽 테이블에서는 고등학생 아이들이 묵묵히 시험공부를 합니다. 다들 내게 무관심하지요. 이렇게 어수선한 분위기어야 도리어 작업에 집중할 수 있습니다. 원고를 쓰다가 벽에 부딪쳐 글의 흐름이 막히더라도 주위를 둘러보며 적당히 자극을 받고는 다시 글을 씁니다.

글을 쓰는 작업에는 아무래도 생리적인 측면이 있습니다. 쾌적한 환경에 놓여 있지 않으면 언어가 순조롭게 흘러나오지 않지요. 몸 상태에 따라서도 이랬다가 저랬다가 합니다. 순항일 때는 단숨에 원고지 열 장도 쓱쓱 써 내려가지만, 난항일 때는 한 줄도 쓰지 못한 채 줄어드는 배터리 표시만 하릴없이 쳐다봅니다.

그런 의미에서 글쓰기는 행위라기보다 사건에 가까울지도 모릅니다. 결코 예정대로, 마음먹은 대로 되지 않으니까요. 자신이 통제할 수 없는 부분에서 흐름을 잘 타느냐 못 타느냐가 정해집니다. 감각적으로 거의 도박과도 비슷합니다.

그렇기 때문에 하다못해 주위 환경이라도 잘 갖추어두고 싶은 것입니다. 될 수 있으면 몸이 최대한 '흐름을 잘 타도록' 여건을 만들어놓고 싶습니다. 한때 유행한 '노마드 워커'라는 말을 변형하여, 저는 아마도 '노마드가 아니면 일이 안 되는 워커'라고 해야 할 것입니다. 할 수 없이 집에서 일을 해야 할 때는 부엌의 구석이나 침대 위에서 가만히 노트북을 펼치는 '집

안의 노마드'가 됩니다.

이렇듯 저는 스스로의 '글쓰기'라는 행위 혹은 사건에 대해 분석할 수 있습니다. 100퍼센트 완벽하지는 않더라도 '나 자신에게 글을 쓰도록 하는' 방법을 어느 정도 자각하고 있을 뿐 아니라 그 안에 내재하는 어떤 법칙을 언어화할 수도 있습니다.

물론 제가 설명하는 내용이 반드시 합리적이라고 할 수는 없습니다. 왜 저는 카페에서만 원고를 잘 쓸 수 있을까요? '어떤 목적을 위해 마련해놓은 장소를 꺼려서' 그렇다든가, '주변 말소리에 자극을 받아서' 그렇다는 식으로 그럴 듯한 이유를 댈 수는 있습니다. 하지만 그럴 수밖에 없는 과학적인 근거가 있는 것은 결코 아니지요. 언제든지 누구에게나 보편 타당한 이유는 아니니까요. '합리성'이라는 개념에 '보편성'이 포함된다면 저의 이 법칙은 분명 불합리합니다.

조금 전 친구에게 이 이야기를 했더니, '그래? 난 너랑 반대로 카페에서는 절대로 글을 쓸 수 없어' 하고 말합니다. 그 친구는 소설가인데 글을 쓸 때는 서재에 콕 틀어박힌다고 합니다. 그러면 연구실은 어떠냐고 물었더니 자기를 가두고 문을 잠가놓아도 연구실에서는 글을 못 쓰겠다고 하네요. 게다가 그 친구는 서재에 들어가서도 작업에 본격적으로 집중하기까지 한 시간이나 걸린다고 합니다. 나이를 먹을수록 예열 시간이 점점 길어진다고 하소연도 하는군요. 한마디로 그 친구에게는 '카페에서만 글을 쓸 수 있다'는 법칙이 적용되지 않습니다.

'글을 쓸 수 있는 법칙'은 사람에 따라 천차만별일 것입니다. 뜻밖에도 '텔레비전을 켜놓지 않으면 글을 쓸 수 없다'는 연구자도 적지 않고, '대화에 열중하지는 않더라도 적당히 친구와 통화하면서 리포트를 쓴다'는 학생도 본 적이 있습니다. 더구나 공감하기는 힘들지만, 저와 비슷한 이유로 완전히 다른 결론을 내린 사람도 있습니다. '집 안에는 적당히 사극이 있어서 글이 잘 써지는 편'이라든지, '카페는 작업하는 장소라는 느낌이 들어 오히려 안정이 안 된다'든지…….

음, 여전히 알 수 없습니다. 왜 저는 카페에서만 글이 잘 써질까요? '그런 상태가 굳어졌기 때문'이라는 이유 말고는 다른 이유를 대기 어렵습니다. 카페의 법칙을 뒷받침하는 것은 오로지 나 자신의 개인적인 경험뿐입니다. 비유하자면 절벽에 드러난 지층 같은 것이겠지요. 지층이 차곡차곡 쌓인 순서에 필연적인 이유 따위는 없습니다. 어디까지나 화산의 분화나 지각변동 같은 지질학적 사건이 일어난 순서에 따라 그와 같은 지층이 형성되었을 따름입니다.

마찬가지로 제게도 이제까지 겪어온 '글쓰기'라는 경험이 쌓이고 쌓인 결과로서 우연히 카페의 법칙이 생겨났을 뿐입니다. 굳이 추측해보자면, 어느 날 카페에서 원고를 썼는데 어쩌다가 놀랍도록 집필이 잘된 적이 있을지도 모릅니다(아마도 학부생 때 졸업논문을 쓸 무렵이었을 겁니다). 그때의 기억이 마치 행운의 부적인 양 행위의 반복을 추동한 것이 아닐까요? 카페에 가면 글이 잘 써진다, 카페에 가면 글이 잘 써진다……. 그러다가 문득 돌아보았더니 그런 습관이 배어버렸고, 어느새 '카페에 가지 않으면 글을 잘 쓸 수 없다'는 법칙으로 굳어졌다고 생각합니다.

일종의 자기암시라고도 할 수 있습니다. 마치 '버드나무 아래에 갔더니 미꾸라지가 있더라' 하는 식으로 성공 체험을 반복하기 위해 '이렇게 하면 글을 잘 쓸 수 있다'고 믿어버린 것인지도 모릅니다.

그건 그렇다 치고, 법칙이 필요하다는 점이 무엇보다 중요합니다. 타인이 보기에는 아무리 불합리한 내용이라 할지라도 우리는 자신의 몸을 잘 운용하기 위해 다양한 법칙을 찾아내지 않고서는 살아갈 수 없습니다.

몸은 완벽하게 자기 뜻대로 움직일 수 없는 대상입니다. 마음을 가라앉혀야겠다고 생각하면 생각할수록 신체적으로 더욱 긴장하기도 하고, 수면 부족 상태인데도 쉽사리 잠이 들지 못하기도 합니다. 자유자재로 부릴 수 없는 대상을 어떻게든 잘 구슬려 제대로 돌아가게 하려면, 거짓이라 해도 방법을 찾아내 대처하는 수밖에 없습니다.

법칙에는 '카페에 가야 글을 잘 쓸 수 있다'는 의식적인 법칙도 있고 무의식적인 법칙도 있습니다. 이를테면 구내염이 생겼을 때 우리는 '음식을 어떻게 입 안에 넣어야 덜 아플까?' 하는 쪽으로 방법을 찾습니다. 처음에는 반대쪽으로 씹기도 하고, 씹지 않고 목구멍으로 음식을 꿀꺽 삼키는 등 의식적인 시행착오를 계속하겠지요. 그러다가 결국 점점 요령이 생깁니다. 그러는 동안 점차 의식하지 않아도 아프지 않게 먹는 법을 터득합니다. 경우에 따라서는 구내염이 낫더라도 계속 같은 방식으로 음식을 먹게 될지도 모릅니다. 본래의 목적을 벗어나더라도 지속해나가는 것이지요. 우리는 이것을 일반적으로 '버릇'이라고 부릅니다.

의식적인 법칙이든 무의식적인 법칙이든, 우리가 경험을 통해 획득하는 규칙은 궁극의 로컬 룰local rule 같은 것입니다. 일제히 구호를 외치면 여러 사람이 같은 박자를 맞추기 쉬운 것처럼, 몸에는 어느 정도 보편적으로 타당해 보이는 합리적인 법칙도 있습니다. 반면 특정 사람에게만 통하고 다른 사람이 보기에는 이상해 보이는 로컬 룰도 있지요.

기업이나 관청 같은 사회적 단체의 로컬 룰은 해당 조직의 체질을 강하게 반영합니다. 마찬가지로 몸의 로컬 룰은 말 그대로 그 사람 몸의 로컬리티, 즉 고유성을 만들어냅니다.

내 몸과 다른 사람 몸의 로컬 룰을 기술하는 일, 다른 것으로는 대체하기 어려운 몸의 로컬리티=고유성이라는 성립을 해명하는 일……. 말로 잘 표현할 수는 없지만, 신체 연구자로서 언제나 압도당하는 것은 바로 몸의 고유성입니다. 취재 대상과 처음 대면하는 바로 그 순간, 저는 압도당하곤 합니다.

이제까지 저는 앞을 보지 못하는 사람의 몸이나 말 더듬는 사람의 몸에 대해 당사자의 인터뷰를 토대로 연구를 진행해왔습니다. 인터뷰를 하기 위해서는 대체로 사전에 이메일을 보내 약속을 잡고 만날 장소와 시간을 정하지요. 만나기로 한 날, 약속 장소에는 이메일을 주고받던 바로 그 사람이 나타납니다.

살아 있는 몸이 지닌 정보량은 엄청납니다. 에피소드 1에 등장하는 니시지마 레나西島玲那 씨와 처음 만났을 때도 그랬습니다. 약속 장소에 나타난 그녀는 믿을 수 없을 만큼 짐을 잔뜩 들고 있었습니다. 등에는 아웃도어 브랜드의 투박한 배낭을 메고 있었고, 어깨에는 물건이 터질 듯이 담긴 숄더백을 크로스로 메고 있었지요. 웬일인지 겨드랑이에는 커다란 곰 인형까지 끼고 있었습니다. 게다가 그녀는 앞을 전혀 보지 못하기 때문에 몸집이 큰 맹인 안내견을 데리고 왔습니다. 지금 생각해보면 인터뷰에 응하기 위해 여러 가지를 준비해 온 셈입니다.

그러나 그토록 어마어마한 짐과는 어울리지 않게 레나 씨는 소녀 태가 물씬 나는 패션으로 온몸을 휘감고 있었습니다. 보드라운 하늘색 블라우스에 깅엄체크gingham check* 스커트를 입고, 헤어스타일은 허리까지 치렁치렁하게 늘어뜨린 생머리였습니다. 첫인상을 그려보자면 '이상한 나라의 앨리스가 가출한

---

* 흰색 바탕에 서로 다른 색깔이나 가는 선을 가로세로로 교차시켜 배열한 체크무늬의 하나. ─역주

모습'이라고나 할까요.

여기에서 '믿을 수 없을 만큼 짐을 잔뜩 들고 있었다'고 굳이 말한 것은, 이제까지 만난 다른 맹인들은 무거운 짐을 갖고 다니기 싫어하는 경향을 보였기 때문입니다. 그들은 이동할 때 최소한 맹인 안내견과 안전 지팡이가 필요하고, 사물을 확인하기 위해 될 수 있으면 빈손인 쪽을 선호하는 것으로 보였습니다.

그런데 약속 장소에 나타난 레나 씨는 '앞이 보이지 않는 사람의 상식'을 조금도 개의치 않는 듯했습니다. 이 사람은 도대체 어떤 논리를 갖고 있기에 가출한 앨리스 상태를 무릅쓰는 것일까? 눈앞에 존재하는 몸을 바라보면서 머릿속이 끓어오르는 관심으로 부글거렸습니다.

소설이라면 이렇게 생생한 고유성을 직접적으로 묘사할 수 있겠지만 학문의 영역에서는 그럴 수 없습니다. 철학이든 인지과학이든 생리학이든, 과학의 영역이라면 보편성을 획득한 합리적인 기술을 지향해야 합니다. '앞을 보지 못하는 사람의 연구'나 '말을 더듬는 사람의 연구'는 가능하더라도 구체적인 'A 씨의 연구'는 특별한 예외를 제외하면 학문의 영역으로 들어올 수 없습니다. 물론 학문적인 보편성을 지향하는 것에는 충분히 의미가 있습니다. 어떤 모델이 만들어지면 다른 사람들은 그것을 자신에게 적용해 생각할 수 있으니까요.

그러나 신체의 연구는 그것만으로 불충분한 듯합니다. 최대한 소설에 가까운 지점에 딱 버티고 있으면서 어떤 몸을 특정하게 어떤 몸이게끔 만들어주는 패턴 같은 것, 이른바 '압도적인 고유성'에 대해 과학적으로 다룰 방법은 없을까……. 쉽게 풀리지 않는 문제의식이 뇌리를 떠나지 않아 갑갑했습니다.

이 책은 이런 '갑갑함'에 대해 제 나름대로 답변을 내놓은 글입니다. 그래서 선택한 주제가 바로 '기억'입니다. 어떤 사건이 어떻게 신체에 새겨지는가? 새겨진 기억은 신체를 어떻게 작동시키는가? 이와 같은 문제를 '기억이란 무엇인가?'라는 보편적인 물음을 통해 연역적으로 고찰하는 것이 아니라, 개별적인 처지를 꼼꼼하게 기술함으로써 기억을 통해 성립하는 '어떤 신체의 신체다움'을 고찰하고자 했습니다.

소설은 ○월 ○일에 ○○라는 사건이 일어났다는 식으로 씁니다. 비단 구체적인 날짜가 적힌 기술이 아니라도 소설은 어떤 인물이 연관된 구체적인 사건을 서술하는 글쓰기입니다. 그러나 이 책은 사건으로서 기억 자체를 다루지 않습니다. 특정한 날짜에 일어난 사건의 기억이 경험의 축적 안에서 어떻게 곰삭아 특정한 날짜가 없는 로컬 룰로 변화해가는 것일까? 다시 말해 이 책은 기억이 날짜를 상실하는 과정에 주목하고자 합니다.

강은 강물의 흐름으로 만들어집니다. 마찬가지로 몸은 경험으로 만들어집니다. 이 책에서는 이렇게 형성되었다고 할 수밖에 없는 신체의 역사와 고유성에 대해 이야기해보려고 합니다.

구체적으로는 열두 명의 장애인을 대상으로 한 몸의 기억을 열한 가지의 예로 다루었습니다. 그들은 의학적 또는 사회적으로 시각 장애, 팔다리 절단, 마비, 말더듬, 이분척추증二分脊椎症* CIDP라는 난치병 등의 장애를 갖고 있습니다. 그러나 이 책의 관심은 어디까지나 장애 자체가 아니라 개별적인 신체의 고유성에 있습니다. '어떤 장애를 가진 몸'이 아니라 'A 씨의 몸'이 지닌 힘과 능력에 접근하고자 합니다.

물론 'A 씨의 몸'은 실제 A 씨만 체험할 수 있습니다. 진정한 의미에서는 본인이 아니면 'A 씨의 몸으로 살아가는 일'이 어떤 감각인지 알 수 없는 노릇입니다. 그렇지만 몸의 내력을 알게 된다면 더는 타자의 몸이 미지의 대상은 아닙니다. 완전히 이해할 수는 없지만 미지의 대상은 아닌 것입니다. 좀 어폐가 있긴 하지만 로컬 룰을 앎으로써 압도당하는 일은 단순한 압도를 넘어서서 감동과 경의를 동반합니다.

이 책에 나오는 열한 가지 예가 서로 연관되어 있지는 않습니다. 어디까지나 연구 과정을 통해 우연히 마주친 예일 뿐, '기억'을 해명하려는 목적으로 체계적으로 선택한 대상은 아닙니다. 다만 열하나의 예 중 몇몇에는 공통점도 있습니다. 그것은 장애를 가진 사람의 기억을 다룬다는 이 책의 본의에서 기

* 이분척추증은 선천성 기형의 하나로 척추의 특정 뼈가 불완전하게 닫혀 있어 척수가 외부에 노출되는 증상을 말한다. —역주

인하는 공통점입니다.

장애가 있는 사람을 만나면 '이 사람의 몸은 정말 하나뿐일까?' 하는 생각이 들 때가 있습니다. 물리적으로는 몸이 하나지만 실제로는 두 개의 몸을 사용하는 듯 보이거든요. 예를 들어 앞에서 얘기한 니시지마 레나 씨는 전맹全盲인데도 대화를 나누면서 메모하는 습관이 있습니다. 장애가 없었던 시절의 습관이 맹인이 된 지 10년이 지나서도 없어지지 않은 것입니다. 레나 씨는 앞이 보이지 않는 몸으로 살아가는 동시에 앞이 보인다는 전제를 깔고 몸을 다룹니다.

에피소드 2에 나오는 이노우에 고이치井上浩一 씨도 전맹인데, 그는 점자를 만지면 각 글자마다 색깔이 보인다고 합니다. 앞이 보일 때 일어났던 어떤 사건 때문에 글자와 색깔이 독특한 방식으로 결합되었는데, 그 일이 계속 이어지고 있는 것입니다. 이노우에 씨는 앞을 전혀 보지 못하는데도 눈이 반짝거립니다.

이 두 사람의 공통점은 후천적 장애인이라는 점입니다. 후천적 장애인이란 살아가는 도중에 병이나 사고로 장애를 입은 사람을 말합니다. 현재 살아가는 몸은 장애가 있다고 해도 기억 속에는 건강했던 시절의 경험이 쌓여 있습니다.

비장애인의 기억이 새겨진 몸으로 장애를 지니고 살아가는 일, 이것이 그들의 몸이 하나가 아닌 둘로 보이는 원인입니다. '다중 인격'이 아니라 '다중 신체'인 것입니다. 하나의 물리적인 몸 위에 비장애인의 몸과 장애인의 몸이 겹쳐져 고유한 패턴을 만들어냅니다. 실로 기억이 만들어내는 하이브리드 신체입니다.

바꾸어 말하면 그것은 몸의 내부에 차이가 있음을 의미합니다. 일반적으로 차이라고 하면 A 씨와 B 씨의 차이를 문제 삼지요. 하지만 여기서는 A 씨라는 한 사람 안에 신체 A1과 신체 A2가 공존하는 데서 차이가 발생합니다. 그러면 어떻게 몸의 고유한 패턴이 만들어질까요? 그것은 장애를 입은 연령이나 시점, 기존의 직업이나 취미 등에 따라 달라집니다. 이 책에서는 예를 몇몇 소개했습니다.

후천적 장애인만 몸의 복수화複數化가 이루어지는 것이 아닙니다. 선천적 장애인도 하이브리드 신체인 경우가 있습니다. 이를테면 이분척추증이 있는 간바라 겐타 씨의 경우, 상반신은 건강한 사람처럼 움직일 수 있지만 감각이 없는 하반신은 움직일 수 없습니다. 말하자면 그는 위와 아래로 나뉘어 전혀 다른 유형을 지닌 두 개의 몸으로 살아가고 있습니다.

이런 유형은 선천적이니까 기억과 별 관계가 없지 않을까 생각할지도 모르지만, 실제로는 그렇지 않습니다. 간바라 겐타 씨에게는 상반신 경험의 기억이 하반신으로 옮겨지는 일이 벌어집니다. 예를 들어 통증의 경험이 그렇습니다. 간바라 씨의 발은 생리적으로 통증을 느낄 리 없지만, 피가 나는 것을 보면 아픈 것 같이 느껴진다고 합니다. 자신의 발에 일어난 사건을 이해하기 위해 상반신으로 느끼는 통증의 감각이 발동하는 듯합니다.

한편, 선천적으로 앞이 보이지 않거나 귀가 들리지 않지만 독서를 좋아해서 책을 통해 비장애인의 시각이나 다른 감각을 몸에 익힌 사람도 있습니다. 이런 사람의 경우 생리적으로는 장애를 갖고 있을지언정 문화적으로는 비장애인의 몸을 획득한 셈입니다. 또한 처음부터 비장애인의 감각 방식을 그대로 받아들이는 것이 아니라 이물감을 느끼면서도 다른 몸을 공존시키고 있는 사람도 있습니다.

기억은 살아가는 동안 없어서는 안 될 도구나 토대가 되기도 하지만, 똬리를 틀고 앉아 귀신처럼 본인을 괴롭히고 혼란에 밀어 넣는 요인이 되기도 합니다. 또는 딱히 도움은 안 되지만 크게 해악을 끼치지도 않는 범위에서 웃어넘길 수 있는 잡음처럼 삶과 공존하는 일도 있습니다. 기억의 위상은 시간과 더불어 변화합니다. 처음에는 웃어넘길 수 있는 잡음이었다가도 어느새 없어서는 안 되는 요소가 될 수도 있습니다. 심지어는 존재할 리 없는 기억이 새로 만들어지기도 하지요.

기억에 대한 규정은 다양할 수 있지만, 본인과 더불어 존재하면서 본인의 의지를 초월해 작용한다는 점은 어떤 경우에든 공통적입니다. 날짜가 있는 사건이 어느새 날짜를 상실하다가 결국은 로컬 룰을 통해 몸의 고유성을 형성하는 과정, 경험이 기억과 '더불어 존재하면서도 더불어 존재하지 않는' 과정, 즉 몸이 만들어지는 열하나의 서사를 이제부터 풀어갈까 합니다.

* 이 책에서는 다양한 당사자의 언어를 인용했습니다. 제가 실시한 인터뷰에 기초한 여러 인용의 전문은 개인 홈페이지에 공개해놓았습니다. https://asaito.com/research/ 또는 http://phantom.asaito.com을 참조해주십시오. 두 번째 사이트는 CREST「인간과 정보 환경의 공생 인터랙션 기반 기술의 창출과 전개」의 보조를 받았습니다.

에피소드

1

메
모
하
는

맹
인

여
성

갑자기 앞이 깜깜해지다

　인터뷰를 실시했을 때, 니시지마 레나 씨는 막 30대에 들어선 참이었습니다. 시력을 완전히 잃은 지 벌써 10년이나 지난 시점이었지요. 레나 씨가 급격하게 앞이 보이지 않기 시작한 때는 열아홉 살이 되기 조금 전, 고등학교 1학년 여름방학 때였습니다. 태어날 때부터 시야가 좁았고 야맹증, 색약 같은 증상이 있었습니다. 그러다가 열 살 때 망막색소변성증*이라는 확정 진단을 받았고, 5년 후에 발병했다고 합니다.

　"그날 하루 만에 갑자기 앞이 깜깜해졌어요." 그날로 레나 씨의 시야는 5도 이하가 되었다고 합니다. 시야가 5도라는 말

---

* 망막 세포에 색소가 끼고 망막이 변성해 일어나는 유전적 눈병이다. 유아 때는 아무런 이상을 느끼지 못하다가 사춘기 무렵이 되면 야맹증이 나타나고, 계속 진행되어 심해지면 시력을 상실한다. — 역주

은 시선을 향한 곳만 보이는 상태라는 뜻입니다. 레이저 포인터에 비유하자면 빛을 발사한 곳만 보인다고나 할까요. 덮밥 전문점 요시노야의 간판을 봐도 오렌지색밖에 보이지 않는다고 합니다. 그때부터 시력이 더 나빠지다가 열아홉 살 때 완전히 실명했습니다.

그런데 흥미롭게도 고등학교 1학년 때 시력이 급격하게 나빠질 당시 레나 씨는 시력 악화의 변화를 금세 깨닫지는 못했다고 합니다. "집 안에서 허둥지둥 외출 준비를 서두르고 있었는데, 앞이 잘 보이지 않는다는 걸 미처 깨닫지 못하고 있었어요. 엄마와 단둘이 살았는데, 평소처럼 외출 준비를 마치고 밥을 먹었지요. 집을 나와 아파트 계단을 내려가 발을 땅에 딛었을 때에야 '어라? 이상하네. 내가 뭘 보고 있는 거지?' 하는 생각이 들더라고요."

당시 레나 씨는 다니던 학교의 설상 활주 경기부(스키부) 소속으로 여름방학 훈련에 참가하려던 참이었습니다. 한동안 자리보전을 하다시피 하면서 쉬었기 때문에 오랜만에 훈련에 참가할 예정이었습니다. 집을 나서기 위해 세수를 하고 옷을 갈아입고 아침밥을 먹었겠지요. 그러는 동안 자신의 눈이 거의 보이지 않는다는 사실을 깨닫지 못했습니다. 레나 씨는 아파트 바깥에 있는 주차장을 나서고서야 시력에 문제가 생겼다는 사실을 느꼈습니다.

왜 그런 일이 벌어졌을까요? 그 이유로 짐작할 수 있는 것은 한 가지입니다. 말하자면 레나 씨는 원래부터 앞이 잘 보이지 않았다는 점입니다. 앞에서도 말했듯 레나 씨는 시력이 좋지 않았기 때문에 시각에 대한 의존도가 낮았습니다. 한마디로 주변을 인지하기 위한 수단으로서 시각이 차지하는 비율이 상대적으로 낮았습니다. 그 대신 촉각, 청각, 후각을 통해 사물을 인지하는 습관이 있었지요. 따라서 시각을 잃었는데도 정보량이 크게 감소했다고 느끼지 못했던 것입니다.

바깥으로 나와서야 비로소 앞이 보이지 않는다는 사실을 깨달았다는 점이 흥미를 끄는 핵심입니다. 집 안은 바깥에 비해 훨씬 안정적인 환경입니다. 저도 종종 경험하는데, 이사한 직후에는 기둥이나 세면대 모서리에 발꿈치나 어깨를 자주 부딪칩니다. 그러다가 점차 환경에 맞추어 방의 크기나 돌출에 몸이 익숙해지면 조명을 켜지 않아도 난로를 켤 수 있고 책상 위에 놓아둔 가방에서 물건을 꺼낼 수도 있습니다.

요컨대 집 안이란 좋은 의미로 '자신의 감'이 통하는 공간입니다. 자기 짐작대로 움직여도 아무 문제가 없다면 사물을 자세하게 관찰하려는 스위치를 꺼둘 수 있습니다. 원래 세밀하게 관찰할 필요가 없는 공간이기 때문에 레나 씨는 자신의 시각에 일어난 변화를 알아챌 수 없었던 것입니다. 하지만 바깥으로 나가자마자 관찰 스위치가 켜지는 바람에 그녀는 자신의 변화를 알아챌 수 있었을 것입니다.

의외라고 여겨질지도 모르지만, '실명한 줄 몰랐다'는 경우는 레나 씨만의 특수한 예가 아닌 듯합니다. 실제로 이제까지 레나 씨 같은 사람을 몇 명이나 만났습니다. 갑작스러운 사고가 아니라면 '정신을 차려보니까 앞이 안 보였다'는 경우가 뜻밖에 적지 않습니다. 실명을 나타낼 때 '촛불이 사그라지듯' 깜깜해졌다고 비유적으로 표현하기도 하는데, 이 비유는 언제나 정확하다고 할 수 없을지도 모릅니다.

진공 팩에 보존된 능력

자, 그러면 레나 씨가 어떤 식으로 시각의 변화를 겪었는지 드러내주는 얼개를 그려보겠습니다. 인터뷰의 첫 장면은 대개 인터뷰 대상자의 배경을 공유하는 것으로 시작합니다. 청자인 나는 어떤 점에 대해 더 파고들어 물어볼지 머릿속에서 이리저리 구상합니다.

그렇지만 당시 나는 레나 씨의 이야기를 거의 듣지 않고 있었습니다. 엉뚱하게도 딴 곳에 정신이 모조리 팔려 있었기 때문입니다. 그것은 바로 쉬지 않고 움직이는 레나 씨의 손, 매끄럽게 움직이는 손이었습니다. "열아홉에 실명했고요. 증상이 나타난 것은 열다섯이에요. 확정 진단을 받은 것이 열 살……." 그녀는 이야기를 하면서 줄곧 앞에 놓인 종이에 메모를 했습니다. 물론 시각을 사용하지 않고요.

대강 큰 틀의 이야기를 마쳤을 때 메모지는 숫자와 글자로 가득 메워졌습니다. '15→16 = 고2→1985→서른'이라고 단계를 나타내는 연령이 좌표축처럼 쓰여 있고, 그 옆에는 그 당시 살던 곳이나 감정이 적혀 있었습니다.

글씨를 적는 동안 레나 씨가 손가락으로 필적을 확인하는 일은 없었습니다. 얼핏 보면 눈이 잘 보이는 사람이 메모하는 모습과 레나 씨 손의 움직임은 하등 다를 바 없었습니다. 실명하고 나서 10년 동안 레나 씨의 글씨 쓰는 능력은 조금도 퇴색하지 않은 채 진공 팩에 단단히 넣어 놓은 것 같았습니다.

레나 씨가 사용한 것은 A5 크기로 접은 전단지 뒷면과 끝이 뭉툭해진 연필뿐입니다. 자리에 앉자마자(레나 씨는 '가출한 앨리스' 상태입니다) 가방에서 전단지를 묶은 종이뭉치와 연필을 꺼내는 모습을 보고 '대체 뭘 하려는 걸까?' 궁금했지만, 레나 씨가 아주 자연스럽게 메모를 시작했기 때문에 나도 모르게 질문을 던질 타이밍을 놓치고 말았습니다.

잠시 후 왜 메모를 하느냐고 물었더니, 레나 씨는 기록하기 위해서라기보다는 자신의 이야기를 정리하기 위해 메모하는 것이라고 말했습니다. "다들 그렇게 하지 않나요? 말하자면 집의 위치를 가르쳐줄 때 지도를 그려주는 것과 비슷해요. 더구나 여자들은 얘기가 자주 딴 데로 튀잖아요. 이 동네 슈퍼가 어떻다든가, 기찻길이 어떻다든가, 어디 카페가 참 좋다든가, 아무튼 얘기가 어디로 튈지 몰라요."

애초에 시력을 잃기 전부터 레나 씨는 저절로 손이 움직일 만큼 글씨 쓰기를 좋아했다고 합니다. "글 쓰는 동작을 좋아한다고 할까, 아니 좋아하는지 아닌지조차 생각해본 적이 없어요. (……) 초등학교 무렵부터 언니가 갖고 있는 사전을 훔쳐보고 화학식을 전부 베껴 쓰는 것이 취미였어요. 지금 같으면 H_2O가 물이라는 걸 알지만, 당시는 '이게 뭐지?' 하고 고개를 갸웃거리며 베꼈어요." 결국 레나 씨는 6년에 걸쳐 사전 한 권이나 되는 분량의 화학식을 베꼈다고 합니다.

A5 종이는 그저 작은 평면일 뿐입니다. 작은 종이 위에 정확하게 글자를 적어 내려가는 일은 꽤 어려울 듯합니다. 도대체 어떻게 시각을 사용하지 않고 메모지에 자유자재로 글씨를 쓰는 것일까……. 자기 손이 움직이는 이동 거리를 재면서 글씨의 위치를 확인할지도 모릅니다. 이런 궁금증을 질문했더니, 레나 씨는 "글쎄요, 아무 생각도 해본 적이 없는데……" 하며 빙긋 웃었습니다.

되돌아가 밑줄을 칠 수 있다

연필을 움직이는 동작뿐이라면 예전에 연필로 글씨를 쓰던 기억이 있을 테니까 어느 정도는 가능할 것 같습니다. 운동의 숙달은 종종 시각을 배제하기 때문이지요.

단추 채우는 일을 한번 생각해보세요. 눈으로 직접 봐야 단추를 채울 수 있었던 아이가 성장해가면서 손끝을 쳐다보지 않고도 등 뒤에 달린 단추까지 채울 수 있게 됩니다. 일상생활의 대부분은 반복적인 행위로 이루어져 있기 때문에 '보지 않는' 경향은 점차 늘어갑니다. 아까 '실명한 줄 몰랐다'는 이야기도 이와 관련된 현상이지요.

그렇지만 레나 씨는 단지 연필을 움직일 줄 안다는 데 머물지 않습니다. 방금 전 글씨를 썼던 곳으로 되돌아가 글자나 숫자를 강조하기 위해 동그라미를 치거나 밑줄을 그을 수도 있습니다. 아까도 말했지만 그러는 동안 레나 씨가 종이를 손으로 만지면서 글씨나 숫자의 흔적을 확인하는 일은 없었습니다. 레이즈 라이터raise-writer라는 시각장애인용 필기도구는 얇은 셀로판 종이에 볼펜으로 쓰는 방식으로, 촉각을 통해 필적을 확인하며 글씨를 씁니다. 그러나 레나 씨가 사용한 도구는 아무런 장치도 없는 전단지 뒷면과 연필뿐입니다. 실로 '앞이 보이는 것 같다'고 할 수밖에 없을 만큼 레나 씨는 지극히 자연스럽게 몇 분 전에 썼던 글자로 되돌아갈 수 있습니다.

레나 씨가 이런 능력을 더욱 두드러지게 발휘한 때는 지도를 그리는 장면이었습니다. 지도는 본질적으로 글자나 도형이 쓰인 위치 자체가 의미를 지니는 표기입니다. 집이 길을 표시한 선의 어느 쪽에 있는가? 선로는 길을 기준으로 어떤 각도로 교차하고 있는가? 각 요소 사이의 공간적인 관계가 정확해야만 합니다. 그런데 레나 씨는 누워서 떡 먹듯 지도를 그려서 내게 내밀었습니다.

이전에 써놓은 글자로 되돌아갈 수 있다는 말은, 레나 씨가 종이에 쓴 내용을 머릿속에 영상처럼 이미지로 저장해놓았다는 뜻입니다. 다시 말해 레나 씨는 손의 운동 기억을 단지 재생하고 있을 뿐 아니라 실로 종이를 '보고' 있는 것입니다.

메모를 할 때 글자의 스타일을 의식할 때가 있다는 말이 그 증거입니다. "내 이름을 비스듬하게 쓰거나 하면 어떤 이미지가 떠오릅니다. 똑똑하게 보이고 싶으면 똑똑해 보이는 글자체를 씁니다." 레나 씨 안에서 글자는 추상적인 의미로 환원할 수 없는, 그야말로 형태를 지닌 시각적인 이미지입니다.

시각 장애가 없던 10년 전 습관을 타성적으로 반복하는 소일거리의 '쓰기'가 아니라 실로 현재형으로 기능하는 '쓰기'입니다. 이것이 내가 가장 놀란 점입니다. 전맹이라는 생리적인 몸과 기억 속에 남아 있는, 시각 장애가 없는 몸이 나란히 움직입니다. 레나 씨의 몸은 두 개의 전혀 다른 신체가 겹쳐진 듯 보였습니다.

말할 것도 없이 몸에는 가소성*이 있습니다. 장애를 입은 전후로 몸의 운영 체계operating system 자체가 새로워지는 변용이 일

---

* 외부적 요인으로 인한 영구적 변형을 의미하는 물질의 특성. 다시 말해 어떤 힘의 작용으로 형태가 바뀐 뒤 그 힘이 없어져도 본래의 모양으로 돌아가지 않는 성질. — 역주

어나지요. 장애를 입은 부분만이 아니라 신체적 손상을 보완하듯 전신의 움직임이 변하는 것입니다. 이 같은 변용에 대해서는 뇌과학 분야도 다양한 사례를 내놓고 있습니다. 이를테면 전맹이 되면 시각을 관장하는 뇌의 부위가 눈으로 보기 위해서가 아니라 점자를 이해하기 위해 사용되는 경우가 있습니다.

10년 동안 진공 팩에 넣어둔 레나 씨의 쓰기 능력은 위와 같은 변용에 철저하게 역행하는 예입니다. 물론 레나 씨 몸에도 가소성이 있고, 실명에 의해 변용을 겪은 기능도 있을 테지요. 시각을 쓸 수 없게 된 만큼 반향음을 이용해 공간을 파악하는 능력은 훨씬 더 늘었을 것입니다.

그렇지만 적어도 글자를 쓰는 레나 씨의 행위는 실명이라는 요인으로 변화가 일어나기는커녕 오히려 그대로 유지되고 있습니다. 운영 체계가 바뀌었는데도 기존의 어플리케이션(=쓰기)이 변함없이 움직이고 있다는 점에 정말 놀라움을 금할 수 없습니다.

프롤로그에서도 말했지만, 레나 씨의 몸은 앞이 보이는 몸과 앞이 보이지 않는 몸이라는 두 개의 신체를 사용하는 '다중 신체'라고 할 만합니다. 시각의 상실이라는 신체 조건의 변화에 의해 하나도 퇴보하지 않는 현재형의 쓰기! 마치 10년이라는 세월을 싹둑 잘라내고 과거와 현재를 한데 맞물려놓은 것 같았습니다.

신체와 두뇌의 상호작용

'쓰기라는 운동'과 '써놓은 것의 이미지'가 쌍을 이루어 현재형의 '쓰기'가 성립합니다. 이 점에 대해 살펴보기로 하지요.

우리는 글씨를 쓰는 행동뿐 아니라 어떤 다른 행동을 할 때, 감각으로서 지각한 정보를 실마리로 삼아 운동을 미세하게 조정합니다. 100미터 달리기를 예로 들어보면, 코스를 똑바로 달리기 위해서는 땅에 그어진 선을 벗어나지 않도록 착지하는 위치를 계속 조절해야 합니다. 지각 정보와 운동의 지속적인 피드백이 사람의 몸과 공간을 결부시킵니다. 실시간으로 운동을 조정할 때 시각이 중요한 역할을 떠맡는다는 것은 두말할 필요도 없지요.

운동 중에도 특히 '쓰기'에는 아주 복잡한 피드백 시스템이 작동합니다. 육상처럼 땅 위에 그려진 선을 따라 달리는 행위와 달리, 쓰기는 의미를 낳는 운동이기 때문입니다. 물론 쓰는 행위에도 연필을 쥐는 위치, 연필의 길이, 글씨를 쓸 때 누르는 압력 등 순수한 운동 차원의 피드백 시스템이 있습니다. 하지만 '쓰기'에는 그것만으로는 환원할 수 없는, 의미에 관한 피드백 시스템이 존재하는 것입니다.

이를테면 손으로 계산할 때를 생각해봅시다. 287×859라는 곱셈은 대다수 일반인이 암산으로는 풀기 어려운 문제입니다. 그러나 종이와 연필만 주어지면 초등학생도 풀 수 있지요. 한마디로 암산이 불가능한 계산도 필산筆算, 즉 '쓰기'에 의해서는 가능해집니다.

암산으로 계산할 경우라면 우리는 계산의 모든 과정을 머릿속에 집어넣고 있어야 합니다. 그러나 필산이라면 복잡한 계산의 과정을 작은 과정으로 쪼개어 종이에 적힌 글자를 가지고 더하거나 곱하는 등 기계적으로 조작하면 그만입니다. 이렇듯 '쓰기'는 '생각하기'를 확장하는 수단인 셈입니다.

필산하는 과정에서는 종이에 써놓은 정보와 마치 대화를 나누듯 사고가 진행됩니다. 이때 대화 상대가 꼭 종이일 필요는 없습니다. 계산할 때는 주판을 사용할 수도 있고, 막 산수를 배우기 시작한 아이라면 바둑알을 사용할 수도 있겠지요. 여하튼 우리가 어떤 사물을 조작하고 그 결과에 대한 시각적인 피드백을 통해 사고를 쉽게 운용한다는 점이 중요합니다. 몸과 사물과 시각 사이에도 사고가 존재하는 것입니다.

사고라는 말을 들으면 머릿속에서 이루어지는 정신 활동을 떠올리기 십상입니다. 그러나 꼭 그런 것은 아닙니다. 인지과학자 앤디 클라크Andy Clark는 테트리스 게임을 예로 들어 사고 능력에 대해 이렇게 말합니다.* 테트리스를 할 때 우리는 떨어

* Andy Clark, *Being There: Putting Brain, Body and World Together Again*, 1997, MIT Press. 또한 클라크의 논의는 Kirsch, D. and Maglio, P. "On Distinguishing Epistemic From Pragmatic Action," *Cognitive Science* 18, pp.513~549, 1994에 근거한 것입니다.

지는 조각을 빙글빙글 회전시키거나 좌우로 평행 이동을 시켜 보기도 합니다. 왜 이렇게 조작할까요? 무엇보다도 '생각하기 위해서'입니다. 어떤 방향으로 조각을 맞추어야 화면 아래에 쌓여 있는 블록의 오목한 곳에 들어맞을까? 또는 오목한 곳 어디에 조각을 맞추는 것이 최적의 선택일까?

위에서 떨어지는 조각을 단지 바라보고 있을 때는 몰랐다가 돌려보거나 이동시키면 답이 저절로 눈에 보입니다. 우리는 '보면서 생각하기', 즉 시각적인 피드백을 도입함으로써 두뇌만으로는 풀지 못하는 복잡한 사고를 쉽게 운용할 수 있습니다. 앤디 클라크가 말하듯, "내부 시스템과 외부 시스템(뇌/중추 신경계와 스크린 위의 조작)은 단일한 통합 계산 단위처럼 하나가 되어 기능하는 것"입니다.*

이미지에 의한 피드백

앞이 보이는 사람은 사물과 신체를 시각으로 연결하면서 운동하는 순간에 실시간으로 몸을 조정하거나 사고를 쉽게 진행시킵니다. 그러나 앞이 보이지 않는 사람은 운동의 차원이든 의미의 차원이든 일반적으로 시각적 피드백을 활용하는 일이

* 앞의 책, p.90.

불가능합니다. 시각을 통해 들어오는 정보가 없기 때문에 본질적으로 공간과 몸이 단절되기 쉽기 때문입니다.

안내자 없이 100미터 달리기는 거의 불가능에 가깝고, 길을 잃어도 주변의 모습을 알 수 없기 때문에 마치 백지 위에 서 있는 것 같다는 사람도 있습니다. 물론 청각이나 촉각으로 공간의 상태를 파악할 수는 있습니다. 그러나 실시간 피드백이라는 측면에서는 아무래도 시각이 훨씬 유리합니다.

레나 씨의 '쓰기'는 운동 차원에서나 의미 차원에서나 시각적 피드백의 경로를 도입하고 있습니다. 예전에 써놓은 글자로 다시 돌아갈 수 있다는 점에서 시각적인 운동을 제어하고 있고, 쓰는 행위를 통해 생각을 정리한다는 점에서 의미의 생산을 제어하고 있습니다.

만약 이것이 단순한 '운동 기억의 재생'이라면 정해진 프로그램처럼 주위의 공간이나 사고와 관계없이 발동할 것입니다. 반면 레나 씨의 '쓰기'는 환경 속에서 사고와 관련을 맺는 행위입니다. 레나 씨의 '쓰기'가 현재형인 까닭이 여기에 있습니다.

시각적 피드백이라고는 해도 레나 씨의 경우 말 그대로 시각을 활용하는 것은 아닙니다. 따라서 정확하게 말하면 '이미지에 의한 피드백'이라고 해야 할 것입니다. 레나 씨는 어디까지나 머릿속에 메모하는 이미지를 떠올려놓고, 그 이미지를 부여잡고 다른 글자나 선을 덧쓰거나 생각을 밀고 나갑니다.

앞이 보이는 사람도 이미지에 의한 피드백을 실행합니다.

눈앞에 종이가 없으면 머릿속에 연필로 계산하는 과정이나 주판알을 튕기는 이미지를 떠올리고, 그것에 기대어 계산을 수행하지요. 그렇지만 이미지의 토대를 떠받치는 것은 어디까지나 시각입니다. 시각적인 경험이 바탕을 이루기 때문에 필산의 이미지나 메모의 이미지를 만들어낼 수 있습니다. 이런 의미에서 이미지에 따른 피드백도 시각적 피드백의 일부라고 볼 수 있습니다.

종이뿐 아니라 책상까지 본다

레나 씨가 실제로 종이를 사용해 쓰기 행위를 멈추지 않는다는 점이 더욱 흥미롭습니다. 앞이 보이지 않는다면 단지 머릿속으로만 '쓰고' 있어도 될 것 같아 보이지만, 레나 씨 본인에게는 결코 그렇지 않습니다. 머릿속으로 이미지를 떠올리는 것과 쓴 것을 머릿속에서 이미지로 바꾸는 일은 결코 동일하지 않기 때문입니다.

그 증거로 레나 씨가 디자인을 할 때 '검은 종이 위에 흰색 펜으로 그리기'를 좋아한다는 점을 들 수 있습니다. 마치 칠판에 분필로 선을 그리는 것과 비슷한 색깔의 조합입니다. 왜 그러냐고 물어보니 "그래야 보기 쉬우니까요" 하고 대답합니다. 귀를 의심할 만큼 깜짝 놀랄 대답입니다. 흰색은 팽창색*이기 때문에 종이의 윤곽이 또렷하지 않아서 어디에 그려야 할지 알 수 없다고 말합니다. "머릿속 흰 종이의 윤곽이 또렷해지려면 책상이 새까매야 해요. 그렇지 않으면 경계선이 어딘지 알 수 없으니까 마치 길 잃은 미아처럼 어쩔 줄 모르는 상태가 되어버려요. 그래서 책상을 검은색이라고 생각하기로 했더니 종이 끝단이 어딘지 알기 쉬워졌어요."

처음에 자신을 '문방구 대장'이라고 소개했을 만큼 레나 씨는 문구에 관심이 많기 때문에 종이에 더욱 애착을 품는지도 모릅니다. 하지만 여기에는 애착만으로는 설명할 수 없는 방식, 다시 말해 레나 씨에게만 고유하게 적용할 수 있는 특별한 '보는 방식'이 있습니다.

앞서 설명했듯, 레나 씨는 글씨를 쓸 때 '책상'의 이미지까지 떠올립니다. 레나 씨의 머릿속에서 책상은 보통 하얀 색입니다. 검은 종이가 '보기 쉬운' 까닭은 책상과 흑백의 대조를 이루기 때문이지요.

"물론 누군가 흰 종이를 들이밀면서 '검은색 종이야' 하더라도 속아 넘어가겠지만요." 레나 씨는 웃으며 말합니다. 그럼에도 레나 씨가 자신이 적는 글씨나 숫자뿐 아니라 종이나 책상, 아니 어쩌면 마룻바닥이나 벽까지도 이미지로 떠올리려고

* 실제 크기보다 크게 보이는 색. 밝은색, 채도가 높은 색, 따뜻한 색 따위를 이른다. —역주

한다는 점은 확실합니다. 실로 앞이 보이는 사람처럼 이미지를 구성하고 있는 것입니다.

이는 앞이 보이는 사람이 종이를 사용하지 않고 머릿속으로 필산할 때 떠올리는 이미지와는 다릅니다. 그런 이미지라면 머릿속에서 필산하는 숫자가 종이에 적혀 있지는 않겠지요. 하물며 책상 윗면의 널빤지가 보이는 사람은 없을 것입니다. 머릿속에 나타나는 것은 상당히 추상화된 이미지에 불과합니다. 이때 '잘 보이지 않음' 같은 문제는 발생하지 않습니다. 한편, 레나 씨의 이미지는 아주 구체적입니다. 레나 씨는 지금 바로 의자에 앉아 연필을 움직이고 있는 자신의 신체적 감각, 그것을 둘러싼 구체적인 공간의 이미지 속에 있는 것입니다.

후천적으로 실명한 사람 중 이미지를 활용하는 사람은 레나 씨 말고도 많습니다. 앞쪽에서 사람 목소리가 들리면 '막대기처럼 그린 것 같은 사람 모양의 핀pin이 나타난다'든가, 반향음이 느껴지면 '그쪽에 벽 같은 것이 나타난다'는 등 그들은 비시각적인 정보를 이미지로 변환하여 파악합니다.

하지만 그런 이미지는 실명하고 나서 시간이 흐르면 흐를수록 추상적이고 기호적으로 바뀌기 마련입니다. 레나 씨는 애초부터 자연스레 손이 움직일 만큼 쓰는 행위를 좋아했고, 시력을 잃은 뒤에도 일상적으로 쓰는 습관을 지속해왔기 때문에 '마치 보이는 것처럼 이미지로 바꾸는 능력'이 높아졌는지도 모릅니다.

그림 속에서 헤매다

레나 씨는 일상적으로 늘 메모할 뿐 아니라 그림을 그리기도 합니다. 유화로 그린 개, 콩테*로 그린 돌고래, 펜으로 그린 여자……. 그림 재료도 다양하고 모티브도 제각각입니다. 개중에는 〈이국적인 재팬〉, 〈콘크리트 재팬〉처럼 약간 우스꽝스러운 제목을 붙인 추상화도 있습니다. 매일같이 거르지 않고 그림을 그려서 앞이 보이는 지인에게 사진을 보낸다고 합니다.

레나 씨는 그림을 그릴 때에도 '그려놓은 그림과 대화를 나눈다'는 점이 재미있습니다. 이 말인즉슨 처음부터 완성된 이미지가 있고 그것을 실현하기 위해 붓을 놀리는 것이 아니라 즉흥적으로 그려나가면서 그림을 완성한다는 뜻입니다.

"분위기 같은 것이 자꾸 움직이기 때문에 한 획만 선을 정해놓고 그다음부터는 목탄이나 연필 등 그림 도구의 효과를 시험하면서 그림을 그려나가요. 아무 생각도 하지 않고 무턱대고 잔뜩 그리지요."

'분위기가 움직인다'는 말은 실로 레나 씨가 단순한 운동 감각으로가 아니라 화면 전체의 이미지를 떠올리면서 그림을 그리고 있다는 증거겠지요. 메모할 때와 마찬가지로 '보면서 생각하는' 피드백이 여기에서도 작동하고 있습니다. 더구나 그림

* 데생용 크레용의 일종. ─ 역주

을 그릴 때는 재료가 다양하기 때문에 '사물'과 '몸' 사이에 정보량도 증가합니다.

우선 종이 위에 선을 하나 긋습니다. 그것이 여성의 머리카락으로 보이면 '그 밑에 눈을 그려 넣으면 어떨까? 콧등을 그리고 나서 음영을 넣어볼까? 경우에 따라서는 윤곽을 생략해버려도 괜찮을 거야.' 레나 씨의 그림은 이런 식으로 이루어집니다. 말하자면 장기판에 한 수씩 말을 두어나가는 감각입니다. 말은 배치에 의해 전력이 변화하기 때문에 한 수를 잘 두면 다른 말도 살 수 있지만 말을 잘못 쓰면 죽어버립니다.

"즐거워도 상관없고 괴로워도 상관없어요." 레나 씨는 이렇게 말합니다. "미아가 되어버릴 것 같아 정신없이 괴로워하면서 그림을 그릴 때도 있어요. 왜 미아가 되었는지, 그 이유를 생각해봤자 소용없기 때문에 다음에 그릴 때는 그곳을 더욱 확대 zoom up해서 그리기도 해요. 때로는 번민하는 동안 모티브의 새로운 측면을 발견할 수도 있어요. 오히려 무無가 되어버린 감각이 딱 좋아요."

'무가 되어버린 감각'이란 머릿속이 아니라 자기가 그려놓은 것과 관계를 맺으면서 사고가 진행되는 상태를 가리키겠지요. 모티브를 붙잡기 위해 '확대'라는 시각적 스케일을 조작하는 점도 흥미롭습니다.

여기에서 레나 씨가 '괴로워도 상관없다'고 말한 점에 주목하고 싶습니다. 이 말은 요컨대 다음 한 수를 어디에 두어야 좋은지 모르는 '미아가 되어버려도 괜찮다'는 말입니다. 이것은 레나 씨가 그림을 그리는 이유와도 연관이 있습니다.

매일 관광버스 단체 여행 중

앞이 보이지 않고 나서 레나 씨는 매일이 '관광버스를 타고 다니는 단체 여행'처럼 되어버렸다고 합니다. "시각장애인을 대해본 적이 있는 사람은 말로 차근차근 설명해줍니다. 그 말을 듣고 이해하는 것도 나한테는 훈련이라고 생각했어요. 예를 들어 내가 화장실 위치를 물었을 때 좀 설명을 대충 해도 좋으니까 빨리 용변을 보고 싶다는 생각이 드는데도, 상대방은 '화장지는 여기에 있고, 물 내리는 꼭지는 이쪽이고, 문손잡이는 여기, 이건 걸쇠……' 하고 자세하게 가르쳐주니까요."

앞에서 말했지만 앞이 보이지 않는 사람은 공간과 몸이 따로 떨어져 있기 마련입니다. 비非시각장애인은 그 간격을 발견하면 '위험'이라고 느끼고 지시의 언어를 쏟아냅니다. '오른쪽에 편의점이 있고……', '발밑에 턱이 있고……'와 같은 언어는 이른바 앞이 보이지 않는 사람의 몸을 안전하게 감싸주는 보호막 역할을 해줍니다.

그것은 물론 친절한 도움이기는 하지만 당사자는 과잉이라고 느낄 때도 있습니다. 화장실에서 레나 씨는 빨리 볼일을 보고 싶은 것을 꾹 참고 있는데, 도와주는 사람은 사정도 모르고 시시콜콜 화장실에 대해 설명해줍니다. 레나 씨도 상대방의 친절한 마음씨를 잘 알기 때문에 말을 끊지 못합니다. 마치 코미디를 보는 것 같지만 어디선가 필시 일어날 법한 일입니다. 결과적으로 장애가 있는 사람은 장애가 있는 사람을 연기하도록 강요받는 일이 벌어집니다.

"장애를 가진 사람의 처지를 제대로 드러내지 않으면 점점 더 사회 부적응자가 되어갈 것 같아서 하나하나 설명해주는 말을 '네, 네' 하며 들었어요. 어느덧 '여기서부터는 약간 오르막길이랍니다!' 하고 일일이 가르쳐주는 점이 마치 매일매일 관광버스를 타고 단체여행을 하는 느낌이 들더군요(웃음). 이건 앞을 볼 수 없는 세계가 지닌 거북한 점이었는데, 차츰 익숙해지더라고요."

이렇게 되면 자신의 감각을 통해 정보를 얻어 주위에 관한 지각을 구성하는 것이 아니라 도와주는 사람의 언어에 의해 주위 세계가 성립하는 상태가 됩니다. 바꾸어 말하면 앞이 보이지 않는 사람을 지켜주기 위한 보호막이었던 조력자의 언어가 도리어 그 사람을 세계로부터 단절시키는 차단막이 되어버리는 것입니다.

"언어화를 통해 사물을 이해하는 요령이 생기면 굳이 기억하려고 애쓰지 않아도 사물이 머릿속에 자연스레 들어옵니다. 색깔만 해도 파랑 자체의 감각보다 '○○ 같은 파랑'이라는 언어가 먼저 다가옵니다."

그것은 자신의 감성으로 느끼고 세계와 직접 조우하는 탐색의 실천을 잃어가는 과정일 수 있습니다. 감각을 대상으로 언어를 찾는 것이 아니라 언어를 대상으로 감각을 재생시키는 역전이 일어나지요. 편하기는 해도 지시대로 움직이기 급급한 단체여행 코스 같은 현실 속에서 레나 씨는 점점 자기 자신을 잃어갔습니다.

여기저기 흩어진 나를 되찾다

장애인이라는 역할을 연기하는 동안 레나 씨는 '자기 자신이 여기저기 흩어져버렸다'고 말합니다.

"앞이 보이지 않고 나서 흩어져버렸어요. 제 자아가 붕괴했다고 할까, 분열했다고 할까. 다양한 측면을 갖고 있지 않으면 여러 사람의 가이드를 받아들일 수 없어요. 어른이 되고 9년쯤은 그 점 때문에 무척 고민했어요."

"장애인은 장애인답게 굴어야 한다는 인식이 있잖아요. 그래서 '괜찮습니다' 하고 사양하는 일이 실례가 되지 않을까 생각했어요. 편하지만 편하지 않다고 느꼈지요."

앞을 보는 사람은 때때로 친절합니다. 그런 사람의 도움을 받으면 편하다는 것은 말할 필요도 없습니다. 그렇다고 도움

하나하나가 레나 씨의 요구에 반드시 들어맞는 것은 아니었지요. 오히려 상대방이 베풀어주고자 하는 도움에 자신을 끼워 맞추는 '수동적인 능숙함'을 요구받습니다. 그러는 사이에 레나 씨는 자기 자신이 누구인지 알 수 없어지는 정체성의 위기에 직면했습니다.

레나 씨가 자아를 상실하며 상처를 받았을 때 그림을 그리는 일이야말로 재활 치료가 되어주었습니다. 그림을 그리면서 시간을 되감을 수 있었던 것입니다. "그림을 그리는 일에 철저하게 몰두하면, 저의 아이덴티티가 점점 열다섯 살이었던 때로, 그러니까 앞이 보였던 때로 돌아갑니다."

어째서 그림을 그리면 열다섯 무렵으로 돌아갈 수 있을까요? 그것은 단지 '앞이 보이던 과거로 돌아가는 것'을 뛰어넘어 자아 확인이라는 의미를 띤 작업이었습니다. "창작을 해보면 내가 '무엇을 추구하고 있고, 무엇을 알고 싶은지' 등의 본질적인 부분이 구체화됩니다. '보인다/보이지 않는다'든가 '도와주기를 바란다/바라지 않는다' 같은 것과는 별도로 말이지요."

이것은 아마도 창작의 근원에 가닿는 감각을 말할 것입니다. 무언가를 만들어내는 작업은 사소한 망설임과 결단의 연속입니다. 선을 어느 쪽으로 더 그을까, 입구를 그려 넣을까 말까, 바림*을 넣을까 말까…… 질문을 던지는 것도 자신이고 대답하는 것도 자신입니다. 실패한다고 해도 스스로 책임을 질 자유가 있습니다.

일상생활에서는 레나 씨가 '바라다/바라지 않는다'와 상관없이 언어를 부여받는 쪽이었지만, 그림을 그릴 때는 누구의 간섭도 받지 않고 스스로 판단을 내릴 수 있습니다. 그렇기 때문에 '그림 속에서 헤매는 일'이 의미가 있는 것입니다. 망설이고 헤매는 가운데 자신의 욕망을 하나하나 구체적으로 확인할수 있다는 것……. 사람이 글을 쓸 때 발동시키는 '사물을 통해 생각하는' 피드백 시스템이 이것을 뒷받침해줍니다. 레나 씨에게 이것이야말로 타자의 간섭을 받지 않고 시행착오의 쾌락에빠질 수도 있게 해주는 행복의 회로입니다.

이런 식으로 생각해보면 레나 씨가 왜 신체의 다중화를 실행하고 있는지, 그 의미를 짐작할 수 있습니다. 레나 씨의 몸은 생리적으로 시각을 상실했습니다. 동시에 열아홉 살까지 앞을볼 수 있었던 몸도 높은 수준으로 유지하고 있습니다. 그것은단순히 '앞이 보였던 시기의 기억'이 아니라 현재형으로 발동하는, '앞이 보이는 신체만 갖고 있는 기능의 유지'입니다.

만약 레나 씨가 '앞이 보이지 않는 몸'밖에 갖고 있지 않다면, 그 몸으로 살아가는 사회적 의미 또는 실존적 의미에 의해자아가 위축되었겠지요. 그렇지만 쓰기 행위에 몰두함으로써

---

* 색깔을 칠할 때 한쪽을 짙게 하고 다른 쪽으로 갈수록 차츰 옅게 나타나도록 하는 일. ─역주

레나 씨는 일시적으로 자기 자신을 해방시키고 있습니다.

'쓰기'를 통해 레나 씨는 자신의 몸과 물리적인 환경을 직접 결부 짓고, 타자가 개입하지 않는 자치 영역을 만들어냈습니다. 말하자면 사회적인 관계의 스위치를 끄고 세계와 맺는 관계의 스위치를 켜둔 것입니다. 쓰는 능력은 레나 씨에게 일시적인 자율 상태를 형성해주는 수단입니다.

'쓰는 행위'가 그토록 힘을 지닐 수 있는 바탕에는 레나 씨가 실명하기 전부터 쓰기를 좋아했다는 특수한 사정도 적잖이 작용하겠지요. 그렇기 때문에 레나 씨는 쓴다는 행위가 지닌 힘을 마음껏 이용할 수 있었고요. 실로 레나 씨 몸의 고유성 안에는 '쓰기'라는 행위가 핵심을 차지하고 있습니다.

물론 현실적으로는 온갖 도움을 받지 않으면 일상생활을 영위할 수 없습니다. 레나 씨는 그런 현실에 대해 큰소리로 화를 내지도 않고, 반대로 현실에 길들여진 '장애인'으로 순응하지도 않습니다. 신체의 다중화를 통해 레나 씨는 환경과 자신을 새롭게 연결하고, 사회와 자신을 새롭게 연결하고 있는 것입니다.

에피소드   **2**

봉인된 색깔

0 = 짙은 분홍, 1=어두운 하양

이노우에 고이치 씨는 점자를 읽을 수 있습니다.

앞이 보이지 않는 사람은 모두 점자를 읽을 수 있을 거라고 흔히 생각하지만, 요즘에는 점자를 읽을 줄 아는 시각장애인이 그리 많지 않습니다. 컴퓨터를 사용하면 점자를 몰라도 음성 낭독 기능을 통해 정보를 입수하는 데 지장이 없기 때문입니다. 특히 성인이 되어 갑자기 시력을 잃은 사람은 점자를 읽을 줄 알더라도 기껏해야 라벨의 글자를 읽는 정도입니다. 일상적으로 책을 읽으려면 꽤 빠른 속도로 점자를 읽을 수 있어야 하는데, 그런 능력을 갖춘 사람이 많은 편이 아닙니다. 그러나 이노우에 씨는 인터뷰를 진행하는 동안에도 핀 디스플레이*에 표시되는 돌기를 손가락으로 따라가면서 주어지는 질문에 대답했습니다.

'핀 디스플레이'란 점자를 표시할 수 있는 촉각용 디스플레이를 말합니다. 따갑지 않은 꽃꽂이용 침봉 같은 구조인데, '아'라는 글자라면 밑에서 핀을 밀어 올려 '아'를 나타내는 점의 배치를 표시합니다. 핀 디스플레이에는 내용을 적어 넣는 기능도 있기 때문에 이노우에 씨에게 그것은 점자판 전자수첩과 비슷합니다. 사전에 이메일로 보낸 인터뷰의 질문 항목에 대해 이노우에 씨는 답변을 위한 메모를 준비해왔습니다.

인터뷰 당시 이노우에 씨는 40대였고, 한 기업의 인프라 엔지니어**로서 근무했습니다. 여섯 살 때 완전히 실명했기 때문에 인생의 대부분을 전혀 앞을 보지 못하는 몸으로 살아왔으니 어떤 의미에서는 베테랑입니다. 초등학교에 들어가자마자 점자를 배운 뒤부터는 모든 학업을 점자로 수행했습니다.

그런데 이노우에 씨는 점자를 읽을 때 보통 사람과 좀 다른 감각을 발휘합니다. 놀랍게도 점자를 읽으면 머릿속에 갖가지 색깔이 떠오른다고 합니다. "숫자를 예로 들면 0은 짙은 분홍, 1은 짙은 하양, 2는 0보다 붉은 빛이 더 짙게 도는 빨강, 3은 노랑, 4는 초록, 5는 옅은 파랑 등이 떠오릅니다. 참 이상하지요? 점자를 만져도 그렇고, 사람 이름을 들어도, 그것이 점자로 변

---

* 컴퓨터 표면에 표시된 문자 정보나 도형 정보를 점자나 점도(点圖)로 표시하기 위한 기기. 점자 디스플레이라고도 한다. ─ 역주
** 기업의 정보 시스템을 구축하는 IT 엔지니어로서 주로 IT 기반의 구축을 담당하는 직종을 가리킨다. ─ 역주

환되면서 머릿속에 색깔을 띤 이미지로 나타나거든요." 다시 말해 숫자나 문자 각각에 대응하는 색깔이 있고, 점자를 읽으면 색깔이 머릿속에 떠오른다는 것입니다.

더구나 여러 글자나 숫자에 중복되는 색이 대응하는 것이 아닙니다. 하나같이 죄다 제각각으로 '일대일 대응'이라고 합니다. "예를 들어 숫자에는 붉은 계열이 몇 가지 있지만 각각 다른 느낌이 납니다."

점자를 만지면 머릿속이 번쩍거린다

숫자나 글자에 고유한 색깔이 대응하기는 해도 손가락으로 만진 점자의 점을 색깔이 있는 점으로 느끼는 것은 아닙니다. 그저 순수하게 대응하는 색깔이 머릿속에서 번쩍거린다고 하는군요. "그러고 보면 점자를 읽고 있을 때 머릿속이 번쩍거립니다." 점자를 읽을 때는 상당히 빠른 속도로 손가락을 이동시키기 때문에 엄청난 속도로 색깔이 명멸하기 때문이겠지요.

비유적으로 말하면 머릿속에서 여러 가지 조명을 마구 바꾸어대는 느낌과 같지 않을까요. '그러고 보면'이라고 말한 것으로 보아, 이노우에 씨의 머릿속이 '번쩍거리는 일'은 이미 자연스러운 듯합니다. 상상해보건대 사이키 조명이 번쩍번쩍 어지럽게 돌아가는 무도회장이 연상됩니다.

통상적인 공감각의 관점으로 보면 이는 약간 특수한 감각의 방식입니다. 공감각이란 '소리로 색을 느끼는 것'처럼 어떤 자극에 동반해 다른 종류의 감각 자극을 느끼는 것을 가리킵니다. 분명히 이노우에 씨도 공감각에 해당할 듯합니다. 무의식적으로 언제나 똑같은 조합으로 나타나는 법칙성이 있다는 점이 비슷하니까요.

다양한 공감각 중에서도 '숫자나 글자'와 '색깔'의 조합은 보고의 예가 많고, 그만큼 대표적인 공감각 패턴으로 여겨집니다. 그렇지만 조합의 방식을 살펴보면 일반적인 공감각의 경우(즉 비시각장애인의 경우)와 이노우에 씨의 경우는 명확하게 차이가 납니다.

일반적인 공감각에서는 '0'과 '분홍'이 결부될 때 '0'이라는 숫자가 분홍색으로 보인다고 합니다. 흑백으로 인쇄한 서류가 컬러 인쇄처럼 보이는 것입니다.* 그런데 이노우에 씨의 경우는 '0'을 의미하는 점자든 숫자든 분홍색을 띠는 것이 아닙니다. 어디까지나 머릿속에 색깔만 떠오를 뿐입니다. '머릿속에서 조명을 교체하는' 느낌입니다. 결부되는 대상은 '촉각적인 자극'과 '색깔'이 아니라 '글자나 숫자의 개념'과 '색깔'인 것입니다.

* Edward M. Hubbard, Vilayanur S. Ranachandran, "Hearing Colors, Tasting Shapes," *Scientific American*, 2006. https://www.scientificamerican.com/article/hearing-colors-tasting-shapes/?redirect=1

이노우에 씨도 스스로 이상하기 짝이 없다고 느낍니다. 이 번쩍거림은 글자를 따라가거나 글의 내용을 이해하는 데 도움을 주지는 않는 듯합니다. 애당초 단어의 의미와는 전혀 상관 없는 색깔이 나타날 뿐입니다. "단어는 색깔이 아니에요. 이를 테면 '소'라는 단어에 색깔은 없습니다. 검은 빛을 띠는 'ㅅ'과 별로 짙지 않은 파랑의 'ㅗ', 즉 '5'와는 어딘지 다른 듯한 'ㅗ', 이렇게 각각 색깔이 있을 뿐입니다. 실제로 젖소의 색깔이 하양과 검정이라는 사실과도 관계가 없어요."

다시 말해 '번쩍거림'은 읽는다는 행위에는 아무런 도움도 되지 않습니다. 말하자면 '덤' 같은 것이지요. 아니, 덤이라기보다는 '소음noise'이 되어버릴 가능성마저 있습니다.

눈으로 색을 보지 못한 지 40년이나 지났어도 이노우에 씨 안에는 이렇듯 색깔로 충만한 덤 또는 소음이 선명하게 자리 잡고 있습니다. 이것도 기적이라는 생각밖에 들지 않습니다.

머릿속 이미지

그런데 이런 반론이 나올지도 모릅니다. "이노우에 씨는 실명한 지 오래되었기 때문에 색깔을 입혀 사물을 이미지로 바꾸는 습관이 애초에는 없었던 것이 아닐까? 그래서 손으로 감각하는 점자라는 물체가 색깔을 띠고 보이는 것이 아니라 조명을 교체하듯 머릿속이 번쩍거리는 것이 아닐까?"

이 점은 나도 마음에 걸려 이노우에 씨에게 확인해보았습니다. 그 결과 이노우에 씨는 평소에 처음 가는 장소나 처음 만지는 물건도 색깔을 통해 이미지로 바꾸는 습관이 있다는 것을 알 수 있었습니다.

"내 안에서 멋대로 비주얼 이미지를 만들어내는 경향이 있습니다. 비시각장애인의 비주얼 이미지만큼 선명하지는 않지만 말이죠. 이를테면 도로가 있으면 아스팔트 색깔을 띠고 있겠거니 상상합니다."

우선 이노우에 씨는 머릿속에 시각적 이미지를 만들어냄으로써 주위 사물이나 환경을 이해합니다. 자동차 경적 소리가 들리면 소리 그대로 받아들이는 것이 아니라 자동차의 이미지로 변환하고, 앞에 컵이 놓여 있으면 도기의 질감이나 크기에 대응하는 이미지로 바꾸어냅니다. 게다가 그것은 종종 색깔이 있는 이미지로 변하지요.

참고로 덧붙이자면 이러한 이미지는 선천적인 전맹 시각장애인에게는 존재하지 않습니다. 예전에 선천적으로 전맹인 시각장애인과 인터뷰를 해본 적이 있는데, 그 사람은 애초에 '이미지'라는 것을 떠올리지 않는다고 했습니다. 한마디로 행동할 때 책상은 어떻게 놓여 있고 문은 어느 쪽에 있다는 식으로 사물이나 환경의 시각적인 이미지가 필요하지 않다는 뜻입니다. 비시각장애인의 입장에서는 앞이 잘 보이지 않는 상태로 행동하는 일이 무시무시한 공포심을 불러일으키지만, 선천적으로 전맹인 사람에게는 그런 전제가 애당초 존재하지 않습니다.

여하튼 초등학교에 들어가기 전 6년 동안 '앞을 본 경험'이 있는 이노우에 씨는 선천적으로 전맹인 사람과는 달리, 정보를 시각적으로 변환해 이해하는 습관이 있을 뿐 아니라 종종 그것이 다채로운 색채를 띤 이미지로 나타난다고 합니다.

원하지도 않았는데 다가온다

물론 그것이 현실과 어긋나지 않는 정확한 색깔인지 아닌지는 별개의 문제입니다. 아까 이노우에 씨가 말한 것처럼 '멋대로 비주얼 이미지를 만들어내는 경향'이니까요.

'멋대로 만들어내는' 부분에는 앞이 보이던 어린 시절의 기억이 동원됩니다. 책상을 예로 들면 이렇습니다. "이 책상은 재질이 나무이니까 실제로 어떤 책상인가와는 별개로, 머릿속에 나무색 이미지가 떠오릅니다." 다시 말해 손으로 만졌을 때 나뭇결이 느껴졌기 때문에 사물이 보였던 어릴 적 기억을 통해 '나무라면 다갈색이겠지' 하는 추측과 더불어 색깔을 만들어내는 것입니다. 다시 말해 이노우에 씨에게 '색깔을 보는' 일은 곧 '기억의 상기'를 의미합니다.

물론 이노우에 씨는 생리적인 의미, 즉 신경적인 의미에서 색을 '보고는' 있습니다. 요컨대 언어의 차원에서 '책상은 다갈색'이라는 지식을 갖고 있는 것이 아니라 어떤 감각적인 체험을 동반하는 방식으로 책상이 다갈색이라는 것을 이해하고 있습니다. 한마디로 책상을 다갈색이라는 색깔로 이미지로 그리고 있습니다.

그러나 '다갈색'은 현재형의 대상, 즉 물리적인 대상이 있는 다갈색이 아닙니다. 어디까지나 이노우에 씨가 책상에 대해 갖고 있는 기억에서 유래하는 주관적인 다갈색입니다. 그것은 머릿속에 떠오른 다갈색이고 상기해낸 다갈색입니다.

이때 상기라는 행위는 구구단처럼 노력해서 떠올리는 것이 아니라는 점을 주목해야 합니다. '책상은 무슨 색이었지?' 하고 기억을 불러들여 추리할 필요는 없습니다. 도리어 그것은 원하지 않아도 저쪽에서 다가옵니다. 굳이 필요하지도 않은데 색깔이 무의식중에 떠오르는 것입니다. 어쩌면 '되살아난다'고 하는 편이 어울릴지도 모르겠네요. 기억은 주관적인 성격을 띠면서도 반드시 능동적이지 않다는 점이 참 재미있습니다.

'원하지도 않는데 다가온다'는 느낌은 이노우에 씨가 색깔을 보는 타이밍을 생각해보면 이해할 수 있습니다. 이노우에 씨는 언제나 색깔을 의식하는 것이 아닙니다. 색깔이 보이는 것은 '찰나의 순간'이라고 말합니다. "사물을 만졌을 때 찰나 같은 한순간에 이미지가 떠올라요. 집중하고 있는 대상을 떠나 넓은 범위로 의식을 돌리고 싶을 때가 있는데요. 그런 순간에

파파팍 하고 이미지가 나타납니다."

사물을 만진 순간이나 주의를 다른 곳으로 돌릴 때, 전광석화 같은 일순간 이노우에 씨는 '무슨 색이었더라?' 하고 생각하는 것이 아닙니다. 딱히 색의 정보가 필요하지도 않은데도 순식간에 틈을 비집고 들어오듯 불현듯 색깔이 보이는 것입니다.

'파파팍 하고 이미지가 나타난다'는 표현도 색깔이 저편에서 다가오는 기억이라는 점을 드러내줍니다. 이노우에 씨가 '내 안에서 멋대로 비주얼 이미지를 만들어낸다'고 할 때, '멋대로'는 그야말로 '자동적'이라는 말과 가까운 '멋대로'일 것입니다. 벽돌을 쌓아올리듯 능동적으로 만들어내는 것이 아닙니다. 내버려두어도 저절로 이미지가 생겨난다는 뜻입니다.

색깔을 할당하다

그렇지만 멋대로 만들어내는 이미지가 능동적인 관계를 배제할 정도로 완고하지는 않습니다. 만들어진 이미지가 틀리면 마음대로 고치는 것이 가능합니다. 이노우에 씨는 그런 감각을 '할당한다'고 표현합니다. 인터뷰 때 IKEA 플라스틱 컵에 아이스티를 담아 대접하면서 컵 색깔이 파랗다고 말해주었더니, 이노우에 씨는 이렇게 대꾸했습니다. "아, 파란색이군요. 지금 할당하고 있어요.(웃음) 하지만 곧 잊어버릴 겁니다."

이전에 다른 전맹인 시각장애인이 도쿄 지하철 중앙선의 디자인이 바뀌었다는 것을 모르고 예전 그대로 이미지를 떠올렸다고 말한 적이 있었습니다. 현재의 중앙선 급행은 주로 알루미늄 차체에 오렌지색 선이 두 줄 들어간 디자인인데, 그 사람은 전면을 오렌지색 이미지로 떠올렸어요. 이렇듯 앞이 보이지 않는 사람의 색채 감각은 자발적인 상기와 능동적인 할당이라는 두 가지 작용을 받으면서 유지되고 고쳐집니다. 때문에 개인차가 매우 벌어지는 영역입니다.

당연히 색깔에 대한 관심도가 높은 사람은 늘 앞이 보이는 사람에게 색의 정보를 확인하려 듭니다. 그러면 색채 이미지가 자주 고쳐집니다. 반대로 색깔이 무엇이든 별로 관계가 없다는 사람도 있지요. 그런 사람은 점차 색깔을 느끼지 않게 됩니다. 색은 후천적 전맹 시각장애인이 지닌 감각의 개인차를 가장 잘 이해할 수 있는 화제입니다.

머릿속이 번쩍거리는 현상의 원인

앞에서 말한 머릿속 번쩍거림 현상을 다시 생각해볼까요? 도대체 왜 이노우에 씨의 머릿속에서는 글자나 숫자가 고유한 색으로 나타나는 것일까요? 마치 선천적으로 어떤 특수한 능력을 갖고 태어난 것처럼 보이지만, 그렇지는 않은 것 같습니다. 이노우에 씨의 이야기를 들어보면 무언가가 원인으로 작용하고 있다는 것을 알 수 있습니다. 거기에는 이노우에 씨가 시력을 상실한 시점이 크게 영향을 미치고 있습니다.

앞에서 서술한 대로 이노우에 씨가 실명한 것은 여섯 살 때입니다. 초등학교에 들어가기 바로 전, 대다수 아이들이 막 글자를 익히기 시작할 무렵입니다. '익히기 시작한다'는 절묘한 타이밍이 중요합니다. 요컨대 아직 글자를 완전히 습득하지는 못한 단계에 이노우에 씨는 앞을 볼 수 없었습니다. 그리고 시력을 완전히 잃기 전부터 이노우에 씨는 0.03 정도의 약시弱視 상태로 세계를 보고 있었습니다.

당시 이노우에 씨는 어떤 장난감을 선물받았습니다. 나무로 만든 카드 같은 것인데, 각각의 조각에는 あ(아), い(이) 등의 글자가 쓰여 있었다고 합니다. 글자 부분은 오목하게 파여 있었기 때문에 만져보면 무슨 글자인지 알 수 있었습니다.

이노우에 씨는 머릿속이 번쩍거리는 현상의 원인이 이 장난감에 있는 것 같다고 말합니다. 왜냐하면 이 나무 카드에는 색깔이 칠해져 있었기 때문입니다. "예를 들면 'み(미)'는 귤색이었어요. 그것을 보았기 때문에 글자에 색깔이 따라붙는 신기한 이미지가 생겨나는 것이 아닐까 생각해요."

한마디로 이런 것이겠지요.

• 이노우에 씨는 시력을 잃기 전에 나무로 만든 카드를 가지고 놀면서 글자나 숫자를 익히기 시작했다.

- 이 카드는 아동의 학습을 돕기 위해 숫자나 글자와 색깔을 연관시켜놓았다.
- 통상적으로 글자를 학습하는 과정은 '색깔'을 발판으로 삼으면서도 최종적으로는 '형태(글자 모양)'와 '소리'를 결합하도록 요구했다. 이것이 바로 '읽기'라는 행위다.

이노우에 씨는 약시였고, 학습 과정 도중에 시력을 잃었으며, 그 후부터 읽고 쓰는 수단은 오직 점자였습니다. 이런 이유 때문에 색깔이라는 발판을 딛는 시점에 학습 과정이 붕 뜨는 상태가 되었습니다. 그 결과 '형태(글자 모양)'가 아니라 '색깔'이 '소리'와 결합하기에 이르렀습니다. 이것이 머릿속 번쩍거림의 원인이라고 추측할 수 있습니다.

추상화의 중단

본래적으로 글자를 읽는다는 행위는 어떤 것일까요? 모름지기 학습은 추상화 과정을 동반합니다.

카드를 갖고 놀면서 '아 카드'와 '아라는 소리'를 결합시키는 것만으로 '아'라는 글자를 이해했다고 볼 수는 없습니다. 카드에 적힌 고딕체의 빨간 '아'와 책방 간판에 적힌 명조체의 파란 '아'가 물리적으로는 전혀 다르지만 같은 글자임을 알아보아야 합니다. 이래야 비로소 '아'라는 글자를 이해했다고 볼 수 있습니다.

어쩌면 '아'가 적힌 카드의 독특한 나무 재질이나 만졌을 때의 느낌, 냄새, 미세한 흠, 또는 얼룩이야말로 아이들이 맨 처음 접하는 '아'일지도 모릅니다. 하지만 그것으로는 글자를 이해했다고 볼 수 없습니다. 카드가 지닌 물질적인 특징이나 폰트의 종류, 크기, 글자를 칠한 색깔 같은 디자인의 특징을 모조리 내다 버려야만 글자를 이해했다고 말할 수 있습니다. 이렇게 생각하면 학습이란 결국 어떤 것을 획득하기 위해 그 밖의 것은 대량으로 내다 버리는 작업입니다. 이것이 바로 '추상화'입니다.

그런데 이노우에 씨에게는 이른바 추상화 중단이라는 사태가 벌어졌습니다. 물론 추상화 과정이 아예 없었던 것은 아닙니다. 지금은 카드의 질감이 어땠는지 따위는 기억하지도 못할 뿐더러 점자를 만지면서 카드라는 물체를 그대로 떠올리는 것도 아닙니다. 그렇지만 '색깔'에 관해서만큼은 추상화를 완료하기 직전에 점자를 통한 읽고 쓰기로 이행해야 했습니다. 다시 말해 '색'의 정보를 버리고 글자를 완전히 읽을 수 있기 전에 눈으로 보는 글자와의 관계가 끊어진 것입니다. 그 결과 각 숫자나 글자의 의미에 색깔 정보가 휩쓸려 들어왔다고 생각할 수 있습니다.

목제 카드 이외에도 여섯 살 어린이를 둘러싼 환경의 다양한 색채를 고려할 필요가 있을지도 모릅니다. 이 시기에는 본인이 원하든 원치 않든, 일생에서 가장 다채로운 색감을 수용하게 되는 환경에 놓입니다. 학습용 교재는 대부분 선명한 색깔로 가득 차 있고, 도시락이나 옷 등 일용품도 형형색색이며, 텔레비전으로 방영되는 어린이 프로그램도 컬러풀합니다.

이노우에 씨는 이렇게 말합니다. "어릴 적 시청한 〈열려라! 퐁키키 ひらけ!ポンキッキ〉라는 텔레비전 프로그램에 〈하나라도 당근 いっぽんでもニンジン〉이라는 노래가 나왔는데요. 그 노래가 나올 때 화면 그림에 색깔이 칠해져 있었으니까, 그것 때문이 아닐까 하는 생각도 듭니다."

더구나 어린이는 같은 장난감을 갖고 반복해서 놀거나 같은 프로그램을 반복해서 봅니다. 반복적인 주입 과정은 실로 번쩍거리는 색깔을 홍수처럼 몸에 들이붓는 경험입니다.

아무튼 여섯 살 즈음의 생활환경이 이후 이노우에 씨에게 '원하지도 않는데 색깔이 다가오는 감각을 동반한 몸'을 만들어주었습니다. 이것은 바로 특정한 날짜가 있는 기억이 이윽고 날짜를 상실하고 그 사람 고유의 몸을 만들어가는 과정입니다. 합리성으로는 설명할 수 없는 이노우에 씨만의 로컬 룰입니다.

봉인된 색깔

이렇듯 숫자나 글자가 고유의 색깔을 띠는 이노우에 씨의 경험은 우발적인 조건이 겹치면서 생겨난 희귀한 사례입니다.

나는 적어도 이제까지 이런 전맹 시각장애인을 만난 적이 없습니다.

이노우에 씨의 머릿속 번쩍거림 현상에 관해서 더욱 기적 같다고 느낀 점이 있었습니다. 바로 이 현상의 밑바닥에 깔려 있는 이노우에 씨와 색깔의 관계가 그렇습니다.

인터뷰 과정에서 이노우에 씨는 몇 번인가 말을 잇지 못하고 머뭇거린 적이 있습니다. 글자 し(시)와 숫자 5는 둘 다 청색 계열이지만 '둘이 어쩐지 다른 느낌이 든다', 또는 '6의 빨강은 짙어서 붉은 색이라고 불러야 할 것 같다'고 말할 때였습니다. 한마디로 이노우에 씨 머릿속에는 수많은 색깔이 있지만 그것을 명확하게 남에게 전달하지는 못합니다.

물론 몇몇 색에 대해서는 잘 전달할 수 있습니다. '빨강 계열', '파랑 계열'처럼 대체적인 경향을 전달하는 데는 무리가 없습니다. 하지만 미묘한 색깔의 차이가 발생하면 그 차이를 남에게 설명하고 공유하는 일이 불가능합니다. 그 색깔은 '이노우에 씨의 외부로 나올 수 없는 색깔'인 것입니다.

색깔에는 '감각'과 '이름'이라는 양쪽 측면이 있습니다. 이것도 여섯 살이라는 연령과 관계가 있습니다. 보통 대여섯 살 어린이가 이름을 아는 색깔은 열두 가지 정도가 아닐까 싶군요. 그렇습니다. 바로 표준 색연필 개수입니다. '노란색'은 알아도 '주황에 가까운 황금색'은 모르고, '초록색'은 알아도 '비리디언 그린Viridian Green'은 들어본 적 없는 어린이가 대부분일 것입니다.

대충 얼버무린 색깔 이름의 카테고리에서 출발해 차츰차츰 세세하고 미묘한 색감을 알아가는 것이 보통 색깔의 명칭을 익혀가는 과정입니다. 물론 디자이너 같은 전문직은 더욱 세밀한 색깔 이름에 정통할 테지요.

그런데 여기에서 어린이나 어른이나 똑같은 색을 보고 있다는 점이 중요합니다. 바깥에 나가면 나뭇잎 하나하나가 전부 다른 색깔이고, 하늘도 매일매일 빛깔과 표정이 다 다릅니다. 어린이가 모르는 것은 색의 '명칭'일 뿐이지요. '감각'의 자극 수준으로 보면 어른이나 어린이의 망막에 비치는 색깔은 동일합니다. '이름'과 '감각'이 쌍으로 엮여 있는가 아닌가의 차이가 있을 뿐입니다. 어른은 그 조합의 수가 많은 반면, 어린이는 '감각'의 수에 비해 '이름'의 수가 압도적으로 적습니다.

이런 차이 때문에 벌어진 일이겠지요. 이노우에 씨는 여섯 살까지 다양한 색깔을 본 적이 있을 뿐 아니라 그것을 기억으로 보전하고 있습니다. '감각'으로서는 분명히 다양한 색깔을 알고 있습니다. 그러나 그 대부분은 '이름'을 갖고 있지 못합니다.

아니, 어쩌면 '주황에 가까운 황금색'이나 '비리디언 그린'을 단어로서는 알고 있을지 모릅니다. 그렇지만 감각으로서는 대상이 어떤 색깔에 해당하는지 확인할 방법이 없습니다. 이름이라는 라벨이 없기 때문에 색깔의 데이터베이스에서 꺼내 남에게 전달하는 것이 불가능합니다. 한마디로 외부를 향한 회로가 없는, 오직 이노우에 씨 내부에만 봉인된 색깔입니다.

다만 몇몇 색깔은 앞이 보이지 않고 나서도 이름을 붙일 수 있었습니다. 예를 들어 이노우에 씨 안에서 숫자 6과 결부된 특정한 붉은색이 있다고 합니다. 어째서 그러냐고 물었더니, "그 붉은색을 띤 도장을 본 적이 있으니까요" 하고 대답합니다. 붉은색을 익히려고 본 것은 아니지만 '도장의 기억'을 통해 각인된 붉은색과 6이라는 숫자를 관련짓기에 이른 것입니다.

색을 섞을 수 없다

색깔의 이름 자체를 알지 못한다고 할지언정 설명은 가능하지 않느냐고 물을지도 모르겠습니다. 우리는 자주 '붉은 빛이 도는 자주색'이나 '노란색이 짙은 황록색'이라는 말로 색을 표현하니까요. 그런데 이런 식으로 색을 표현하면 이노우에 씨는 이해하지 못합니다. '붉은빛이 도는 자주색'이나 '노란색이 짙은 황록색' 같은 표현은 혼색, 즉 복수의 색을 섞어 나타내는 방식입니다. 다시 말해 이노우에 씨에게 이런 말은 '자주색에 빨강을 조금 섞은 색', '노란색이 주색인데 초록을 섞은 색'을 상상하라는 뜻입니다.

앞이 보이는 사람이라면 이런 색을 애써 상상할 것까지도 없이 금세 떠올릴 수 있습니다. 그러나 이노우에 씨는 그렇게 하지 못하지요. "머릿속에서 색을 섞을 수 없기 때문에 어떻게 해야 그런 색이 되는지 알 수 없답니다."

이 말인즉슨, 앞이 보이는 사람이 색을 섞을 수 있는 까닭은 색을 섞어본 경험이 있기 때문임을 의미합니다. 우리는 결코 지식으로서 혼색混色의 결과를 아는 것이 아닙니다. 색상환* 같은 것을 참고해 그때마다 혼색을 찾는 것도 아닙니다. 하물며 구구단처럼 '빨강과 파랑을 섞으면 자주'라고 암기하고 다니는 것도 아닙니다.

그것은 굳이 생각하지 않아도 저절로 떠오르는 기억입니다. 경험적으로 어릴 때 물감이나 크레파스로 색을 섞어보았고, 색이 섞이는 모습을 눈으로 본 적이 있기 때문에 혼색의 결과를 상상할 수 있는 것입니다. 비시각장애인은 어떤 비율로 색을 섞는가에 따라 어떤 색으로 변하는지 짐작할 수 있습니다.

어릴 적 실명한 시각장애인은 그러한 경험이 없기 때문에 혼색의 결과를 상상할 수 없지요. 거꾸로 어른이 되어 실명한 사람이라면 어떤 색감을 혼색으로 표현하더라도 어떤 색인지 떠올릴 수 있습니다. 결국 이노우에 씨의 머릿속에는 숱한 색깔이 있지만, 그것은 혼색이라는 조작을 받아들이지 못하는 '절대적인 색'입니다.

* 색을 스펙트럼 순서로 둥그렇게 배열한 고리 모양의 도표. —역주

비밀의 화원

실명한 지 40년 가까이 지났는데도 색깔을 잃어버리지 않고 한 사람 안에 봉인해두었다는 사실이 참으로 놀랍습니다. 어쩌면 이름이 없는 대신 특정한 숫자나 글자와 연결되어 있기 때문에 색깔의 기억을 잃지 않았을지도 모릅니다.

그래서 이노우에 씨는 우리가 '하양'이라고 부르는 색의 이름을 '1'이라고 생각해야 했을지도 모릅니다. 타인은 접근할 수 없는, 실로 이노우에 씨 내부에만 봉인된 컬러풀한 세계는 마치 다양한 조건이 우연히 쌓여온 비밀의 화원 같습니다.

이것이야말로 궁극적인 로컬 룰이겠지요. 더구나 이 로컬 룰은 무의식적인 것이 아닙니다. 어디까지나 '0=짙은 분홍'과 같이 의식화할 수 있습니다. 그럼에도 타인과 공유할 수 있는 방식으로 색깔을 가리키는 일은 불가능합니다. 완전히 개인적인 로컬 룰입니다.

이노우에 씨 본인은 기적과 같은 색깔의 세계를 웃으면서 이렇게 분석하더군요. "나 같은 사람도 있는 법이지요. 실명으로 잃어버린 것은 모래만큼 많지만 내게는 색깔이 남았어요. 무엇을 상실하느냐는 사람에 따라 다르지 않을까요."

에피소드 　　　　　　3

요령이 기능을 보완한다

제어라면 자신 있다

두 다리로 걷거나 달리던 사람이 어느 날 갑자기 한쪽 다리의 일부를 잃었다고 합시다. 그 일로 대체 어떤 변화가 일어날까요?

오마에 고이치大前光市 씨는 스물셋의 나이에 음주운전자가 몰던 자동차에 치이는 끔찍한 사고를 당하는 바람에 왼쪽 다리의 무릎 아래 부분을 잃었습니다. 그로부터 15년 동안 오마에 씨는 절단한 왼쪽 다리 부분에 의족을 끼우고 생활하고 있습니다.

한편으로는 기억으로 알고 있는 두 다리를 가진 몸이 있고, 다른 한편으로는 무릎 아래로 왼쪽 다리를 절단한 현실의 몸이 있습니다. 기억의 몸과 현실의 물리적인 몸, 바꾸어 말하면 예전부터 획득해놓은 '경험지'와 능숙하게 사용해야 하는 '동적 장치'가 어긋나 있는 상태입니다.

이렇게 모순적인 두 개의 몸을 가지고 과연 어떻게 살아갈 수 있을까요? 갖가지 차원에서 대처해야 할 일이 벌어집니다. 신경 생리적인 차원, 심리적인 차원, 운동 제어의 차원, 사회적인 차원……. 물론 복수의 차원은 서로 독립적인 것이 아니라 관계를 맺고 있습니다. 심리적인 차원으로 접근하다 보면 운동 제어의 차원에서 대처 방식이 달라지는 일도 있겠고, 사회적인 측면에서의 대처가 신경 생리적인 상태에 영향을 주는 일도 있을 것입니다.

오마에 씨의 경우는 프로 무용수라는 점 때문에 더욱 특수합니다. 오마에 씨는 원래부터 '운동 제어' 능력이 보통 사람보다 월등하게 뛰어났습니다. 그런데 지금은 과거와 다른 동적 장치를 갖고 있는 셈입니다. 오마에 씨에게는 통증도 있고 환지幻肢라고 부르는 제어 불능의 생리 현상도 있습니다. 그렇지만 그것 말고 사고 후에 일어난 변화에 대처할 때에도 전체적으로 의식적인 운동 제어가 기본을 이루고 있습니다.

오마에 고이치 씨가 춤을 시작한 것은 열일곱 살이었습니다. 원래는 시키四季 극단*을 동경해서 뮤지컬 배우로 출발했지만, 이후 발레로 관심이 넓어졌다고 합니다. 그야말로 '목숨을 걸고 한창 춤에 몰두하고 있을 때' 오마에 씨는 사고를 당했습니다.

* 배우 700명 이상, 경영진 350명, 기술 스태프 350명의 규모와 연간 3,500회의 공연을 자랑하는 일본의 대표적인 상업 극단으로 아시아 최대 규모라고 한다. ─ 역주

사고 후 10년의 공백기를 거쳐 무용수로 복귀했고, 온갖 상을 섭렵한 끝에 장애인올림픽 개회식에서 춤을 선보였습니다.

오마에 씨는 어떻게 머릿속으로 구상한 대로 몸을 움직일까요? 대다수 사람들은 자기 몸의 움직임에 대해 그다지 뚜렷하게 자각하지 못합니다. 특히 비장애인이라면 거의 의식하지 않고 걷거나 일어섭니다. 행동에 옮기고 나서 '이제 어떻게 할까?' 궁리하는 일도 없습니다.

그러나 무용수의 경우에는 발가락 하나하나, 척추 마디 하나하나에까지 의식을 향한 채 몸을 정교하게 조절하는 습관과 능력이 있습니다. 몸 어디에 힘을 주고 있는지, 몸의 축이 어떻게 흔들리고 있는지……. 정해진 동작을 제대로 표현해내기 위해서는 세세한 곳까지 자신의 몸을 마음먹은 대로 움직일 수 있어야 합니다.

무용수로서 오마에 씨도 마찬가지입니다. 자기 몸에 대한 의식이 얼마나 출중하게 높은지, 감히 '제어 전문가'라고 부르고 싶을 정도입니다. 오마에 씨는 이렇게 털어놓더군요. "기질적으로 내 몸을 관찰하는 습관이 처음부터 배어 있는 편이었어요. 그런데 다리를 잃고 나서 내 몸에 대해 더욱 생각이 깊어지더라고요. 어떻게 하면 무용수로 복귀할 수 있을까? 어떻게 하면 무용수답게 몸을 움직일 수 있을까? 끊임없이 생각하고 또 생각하면서 공부했어요."

오마에 씨는 프로 무용수인 동시에 다른 사람에게 춤을 가르치는 선생님이기도 합니다. 춤을 추는 능력과 그것을 언어화하는 능력이 반드시 일치하지는 않지요. 오마에 씨는 의식적으로 몸을 사용하는 습관 덕분에 언어를 매개로 다른 사람을 가르칠 수 있습니다. "다른 사람에게 춤을 가르칠 때에도 어떤 순서로 몸을 움직이면 좋은지, 알기 쉽게 가르칠 자신이 있어요."

자동 제어에서 매뉴얼 제어로

오마에 씨는 후천적으로 장애를 입으면 본질적으로 몸에 대해 의식적으로 관여하기를 요구받는다고 말합니다. 이러한 변화는 한마디로 '자동 제어에서 매뉴얼 제어로 이행하기'라고 정의할 수 있을 것입니다. 그때까지는 특별히 의식하지 않고도 가능했던 일어서기, 걷기, 보기, 말하기 같은 동작을 의식적으로 제어하면서 실행해야 한다는 뜻입니다.

이 점에 대해 오마에 씨는 이렇게 설명합니다. "저쪽에서 '자, 집합!' 하는 소리가 들리면 보통 사람은 무의식적으로 '알겠습니다!' 하고 바로 그쪽으로 갈 수 있지만, 우리 같은 사람은 '알았어요! 잠깐만 기다려줘요!' 하고 나서 의족을 끼우거나 휠체어를 타거나 자세를 바로잡는 등 순서에 따라 하나하나 의식적으로 행동해야 합니다. 다들 번거로운 일을 감수하고 있지요."

오마에 씨가 여기에서 '번거롭다'고 말한 바와 같이 매뉴얼에 따르듯 행동한다는 것은 행위 순서가 늘어난다는 것을 의미합니다. 몸을 자동적으로 제어할 수 있는 비장애인이라면 '집합!' 소리를 들었을 때 '가야겠다!' 하는 의식만 있으면 됩니다. 행위의 순서는 실질적으로 하나일 뿐이고, 나머지는 그냥 내버려두어도 몸이 저절로 따라갑니다.

그런데 장애가 있으면 의족을 장착하거나 휠체어 쪽으로 이동하는 등 과제가 늘어날 뿐 아니라 몸을 움직일 때 취하는 자세, 몸 중심의 위치, 목적지에 이르는 동선 등을 적절한 순서에 따라 하나하나 의식해야만 합니다. 원하는 곳으로 '도착'한다는 큰 목표를 작은 목표로 잘게 나누어 한 단계 한 단계 차근차근 밟아가야 하지요. 오마에 씨는 이렇게 풀어주었습니다. "몸에 장애가 있다고 일컬어지는 사람들의 공통점은 행동할 때 의식하는 부분이 많다는 점입니다." 순서를 대폭 늘려 매뉴얼로 만들어놓고 제어하는 것뿐이라면, '번거로움'만 참으면 될 것처럼 여겨질지도 모릅니다. 그러나 실제로는 대단히 난도가 높은 작업입니다.

또한 기존에는 자동으로 되던 일이었기 때문에 어떻게 해야 하는지 의식할 수는 있다고 해도, 그것을 남에게 설명하기는 애당초 불가능에 가까운 일입니다. 이를테면 '걷기'에 대해 생각해보더라도, '걸을 수 있는 것'과 '어떤 방식으로 걷고 있는지를 설명할 수 있는 것'은 전혀 다른 이야기입니다.

예전에 뇌경색을 일으킨 지 3년 반이 지난 여성이 자신이 겪은 고통을 이렇게 토로한 적이 있습니다. "이렇게 표현하는 것이 맞는지 모르겠지만 '암묵적인 앎' 같은 것, 그러니까 아무 생각도 하지 않고 해낼 수 있었던 것을 하나도 할 수 없게 되어버리니까 어떻게 하는지도 잊어버리더군요. '비장애인의 행동이 모범이니까 잘 보고 따라 하면서 요령을 익히라'는 조언을 듣곤 하는데요, 그렇게 요령을 익힐 수 있다면 이렇게 고생할 리가 없잖아요?"

물론 장애를 입고 나서 오랜 세월이 지남에 따라 의식하지 않으면 제어할 수 없었던 동작이 차츰 저절로 가능해지기도 합니다. 이른바 '익숙해지기' 말입니다.

그러나 사회적인 환경이 비장애인 중심의 디자인으로 이루어져 있는 이상, 장애인이 환경과 몸 사이의 거리를 메우기 위해서는 많든 적든 조정이 필요할 것입니다. 오마에 씨가 무릎 아래로 왼쪽 다리를 절단한 나이는 스물세 살이었고, 인터뷰를 한 시점은 사고를 당한 지 이미 15년이나 지난 때였습니다. 그렇기 때문에 아마 의식하지 않고도 움직일 수 있는 영역이 늘어났다고 볼 수 있겠지만, 그래도 여전히 의식적인 조정이 필요하다고 오마에 씨는 말합니다. 나이에 따라 몸 상태가 변하는 것도 계속해서 조정이 필요한 원인입니다.

오마에 씨는 무용수입니다. 매뉴얼에 따라 몸을 제어하는 일련의 과정에 무척 민감할 뿐 아니라 프로 무용수로서 마치 구도자처럼 엄격하게 자기 몸을 관리하고 단련합니다. 근육은 눈에 보이는 성과라 할 것입니다. 현재 오마에 씨 왼쪽 다리의 절단한 부분은 동일한 장애를 입은 다른 사람에 비해 근육으로 딱딱하게 덮여 있습니다.

하반신 과잉보호의 시기

다리를 절단했을 당시에 오마에 씨는 자신의 다리를 '평가 절하했다'고 말합니다. "의자에서 일어설 때도 다리에 부담이 가지 않도록 우선 팔걸이를 손으로 잡고 상반신을 일으키는 동작이 버릇으로 굳어졌어요. 몸을 쓸 때 상반신이 주도하는 방식을 취했던 것입니다."

누구나 아픈 곳이나 불편한 곳이 있으면 그곳을 보호하듯 움직이기 마련입니다. 다리를 절단한 직후부터 오마에 씨는 다리에 체중이 실리지 않도록 몸을 움직였습니다. 더구나 다리를 절단한 뒤에는 육체노동에 종사했기 때문에 의족을 장착한 곳에 통증이 쉽게 일어났다고 합니다.

오마에 씨의 의족은 절단 부분을 덮어씌우는 모양입니다. 마치 이가 나듯 절단한 곳 아래로 의족이 나는 형태가 아니라 소켓이라는 사발 같은 구조를 절단부에 찰칵 끼우도록 만들어 졌습니다. 의족이라고 하면 죽마竹馬에 타고 있는 이미지를 갖기 쉬운데, 그런 것이 아니라 신발처럼 신고 있는 느낌입니다. 오마에 씨는 '스키화'를 신거나 '깁스'를 하고 있는 것 같다고 합니다.

제일 먼저 아픔을 느끼는 곳은 소켓에 끼운 부위 중 뼈가 좀 튀어나온 부분입니다. "종아리뼈와 정강뼈가 툭 튀어나와 있기 때문에 소켓 안쪽에 쿠션을 대거나 해서 충격을 완화하고 있습니다." 이렇게 뼈의 명칭을 술술 언급하는 점도 오마에 씨답습니다.

쿠션이 있는 의족을 사용하면 땅에 착지하는 충격이 직접 몸으로 오지 않기 때문에 '폭신한' 감촉이라고 합니다. 오마에 씨가 맨 처음 의족을 사용하기 시작했을 무렵에는 딱딱한 의족을 썼기 때문에 한 걸음만 내딛어도 허리까지 충격이 느껴졌습니다. 차마 그 통증을 견디기 힘들어 부드러운 쿠션이 있는 의족을 만들었다는군요.

그런데 쿠션이 있는 의족을 사용하다 보니 상반신에 근육이 붙기 시작했다고 합니다. 의족을 낀 다리를 보호하려고 상반신에 주로 힘을 주었기 때문입니다. "의족을 끼운 쪽에 부담이 가지 않도록 하느라 상반신이 엄청나게 발달했어요. 지금도 발달한 편이기는 하지만 20대 후반까지는 더 근육이 울룩불룩해서 (……) 상반신과 하반신이라는 별개의 몸이 붙어 있는 느낌이었어요."

다리의 재발견

상반신이 발달하면 좋지 않으냐고 할지 모르겠지만 실제로는 그렇지 않았다고 합니다. 다리에 힘이 없어져서 균형을 쉽게 잃곤 했기 때문입니다. 균형의 상실은 장애를 입지 않은 오른쪽 다리에 부담을 주었습니다. 의족을 낀 왼쪽 다리를 사용하지 않으려고 했기 때문에 오른쪽 다리에 체중이 실렸고, 그 바람에 오른쪽 다리가 상하는 결과가 초래되었습니다.

이에 오마에 씨는 상반신만 써서 움직이는 방식을 그만두고 다리를 제대로 사용하는 방식으로 전환함으로써 문제를 해결하고자 했습니다. "다리에는 팔에 비해 힘이 세 배 더 많습니다. 인간의 몸은 기본적으로 다리를 엔진 삼아 행동을 주도하고, 상반신으로는 기술과 요령이 필요한 일을 하도록 되어 있다고 생각합니다."

이때 오마에 씨가 다리를 재발견했다는 점이 흥미롭습니다. 그때까지 오마에 씨는 절단한 다리를 보호하는 대신, 그 밖의 신체 부분을 더 많이 활용하자고 생각했습니다. 되도록 다리에 부담을 지우지 않음으로써 다리의 존재 의의를 축소시켰던 것입니다. 좀 이상한 표현인데, '없는 다리'를 '없는 것'으로 취급했다고 할 수 있습니다.

결국 다리를 잃었다는 조건이 걸림돌이 되어 몸을 움직이는 데 제한을 받았고 다른 부위에도 부담을 주었습니다. '가능한 동작을 구사하면 되잖아?' 하고 생각할 수도 있겠지만, 오마에 씨에게는 무용수로서 춤을 추겠다는 목표가 있었습니다. 그것을 이루기 위해서는 '없는 다리'를 다시 '있는 것'으로 취급할 필요가 있었습니다. 그는 의족을 적극적으로 사용해 왼쪽 다리에 체중을 실어 일어서려고 했던 것입니다. 이것이 바로 다리의 '재발견'입니다.

"지금은 의도적으로 하반신을 사용하려고 해요. 일어설 때에도 다리로 바닥을 딛고 다리 힘으로 일어서요. 그랬더니 움직임이 안정적으로 바뀌더군요. 하반신을 움직일 수 있는데도 내가 그 기능을 평가절하하고 있었어요. 이제는 의족도 딱딱한 것으로 바꾸어 다리를 일부러 사용하려고 노력하기 시작했어요."

물론 이 길은 쉽지 않았다고 합니다. 절단부가 딱딱해지려면 시간이 걸리기 때문에 통증을 견디면서 움직여야 하는 기간이 5~6년이나 이어졌습니다. 상당히 딱딱한 의족을 사용해 체중을 잘 분산하고, 또 착지할 때 전해지는 충격을 완충하기 위해 몸통 근육을 발달시켰습니다. 이것은 아까 말한 '울룩불룩해진 근육'과는 다릅니다. '의도적으로 단련한 근육'입니다.

한마디로 오마에 씨가 매뉴얼 제어로 이행하는 과정은 두 단계였던 셈입니다. 첫 단계 이행은 불편한 신체 부분을 보호하고 아픔이나 어려움을 잘 넘기기 위한 대증요법* 같은 것입니다. 하지만 서른 살 즈음부터 오마에 씨는 적극적으로 왼쪽 다리를 단련해 온몸의 균형을 바꾸어내는 '원인 치료'를 시작했습니다. 그것은 없는 부위를 없는 것으로 취급하려는 몸의 반응을 뛰어넘어 의식적으로 없는 부위를 있는 것으로 취급하고 사용해나가는 과정이었습니다.

기억과 현실의 어긋남

없는 다리를 있는 것처럼 사용하는 과정에서 커다란 역할을 담당한 것이 '환지'입니다. 환지란 손이나 발 등 몸의 일부를 절단한 사람 또는 몸의 일부에 마비가 있는 사람이 절단이나 마비를 느낄 리 없는 손이나 발이 마치 원상대로 존재하는 것처럼 느끼는 현상입니다. 영어로는 phantom limb, 그러니까 유령 같은 팔다리라는 뜻이지요. 이는 물리적인 내 몸에 다른 몸이 달려 있는 상태입니다. 그야말로 '몸의 기억'에 관련된 현상이라고 할 수 있습니다.

환지에 해당하는 현상은 아주 오래전부터 알려져 있었지만, 처음으로 환지라는 명칭이 붙은 것은 19세기입니다. 남북전쟁으로 인해 수많은 병사들이 부상을 당했습니다. 당시에는 외과 의사들이 항생물질도 없이 손이나 발을 절단했습니다. 그런데

---

* 병의 원인을 제거하기 위한 직접적 치료법이 아니라 증상을 완화하기 위해 실시하는 치료법을 말한다. — 역주

전쟁터를 떠나 고향에 돌아와서도 병사들이 자신의 잘려나간 손발에 대해 이야기하는 것을 보고, 의사 와이어 미첼Silas Weir Mitchell이 '환지'라는 이름을 붙였다고 합니다.*

이제까지 의학 분야를 중심으로 환지의 메커니즘이나 치료법을 알아내고자 많은 연구가 이루어졌습니다. 환지가 특히 문제로 떠오르는 이유는 통증, 즉 헛통증**을 동반하기 때문입니다. 현재 오마에 씨는 헛통증이 없지만, 일반적으로는 '롤러 기계에 끼어 짓눌리는 듯한 아픔', '뼈가 부러지는 고통'으로 표현할 만큼 당사자들의 참담한 괴로움은 이루 말할 수 없습니다.

헛통증에 대해서는 에피소드 6~8에서 자세하게 다루려고 합니다. 헛통증은 절단 부위, 즉 환지가 '있느냐 없느냐'보다는 '움직이느냐 움직이지 않느냐'는 쪽이 크게 영향을 미친다고 알려져 있습니다. 팔이나 다리를 이미 절단했음에도 뇌는 팔다리를 움직이라고 지령을 계속 내립니다. 그러나 실제로 팔다리가 움직였다는 감각 정보의 피드백은 일어나지 않습니다.***

다른 말로 바꾸면 '움직일 것'이라는 예측과 '움직였다'는

---

* V·S·Ramachandran & Sandra Blakeslee, *Phantoms in the Brain*, Harper Collins, 2007.
** 환지통 또는 환상통이라고도 한다. —역주
*** M. Sumitani, S. Miyauchi, C S McCabe, M Shibata, L Maeda, Y Saitoh, T Tashiro, T Mashimo, "Mirror Visual Feedback Alleviates Deafferentation Pain, Depending on Qualitative Aspects of the Pain : A Preliminary Report," *Rheumatology* (Oxford) : 2008, 47(7) ; 1038-43.

결과 보고 사이에 괴리가 일어나는데, 이 같은 불일치가 통증으로 나타나는 것으로 보입니다. '뇌가 기억하고 있는 팔다리의 움직임'과 '팔다리의 현실적인 움직임'이 어긋나기 때문에 헛통증이 발생하는 것입니다.

'통증을 동반한다'는 표현은 그다지 정확하지 않은 듯합니다. '환지라는 것이 있기 때문에 특정 부위가 아픈 것'이 아니기 때문입니다. 오히려 '환지의 감각이 어떤 방식으로 강해지면 아픔의 감각으로 변하는 것'이라고 해야 할 듯합니다. 통증 직전의 감각을 가리켜 '환지감'이라는 용어를 쓰는 사람도 있습니다.

헛통증은 의학적으로 접근하기 어려운 통증입니다. 통증 자체가 복합적이기 때문이기도 하지만, 무엇보다 존재하지 않는 부위의 통증을 치료해야 하니까요. 다행스럽게도 최근에 들어서는 VR(가상현실)을 사용한 완화법이 알려지기 시작했습니다. 여기에 대해서는 에피소드 8에서 소개하겠습니다.

남는 것은 형태가 아니라 운동의 기억

자, 그러면 오마에 씨가 '없는 다리를 있는 것처럼 사용하는 것'과 환지는 어떤 관계가 있을까요?

오마에 씨의 왼쪽 다리에 붙어 있는 환지는 아주 작습니다. "한 줌 주먹쯤 되는 쪼그만 다리가 절단한 곳에 달라붙어 있는 느낌이에요." 사지를 절단한 이후에 환지가 점차 짧아지는 현상은 별로 드물지 않습니다. 환지라고 하면 마치 신기루처럼 처음에 있었던 큼직한 다리가 원래 있었던 자리에 나타나는 이미지가 떠오를지도 모르지만, 반드시 그렇지는 않습니다.

오마에 씨의 환지는 leg에 해당하는 장딴지가 아니라 무릎 아래에 갑자기 달린 foot의 상태입니다. 심지어 그것은 도라에몽의 손처럼 작은 덩어리입니다. 모양으로 보면 발과 닮은 듯 닮지 않은 듯 알 수 없는 유령의 발입니다. 때로 쥐가 났을 때와 같이 '찌리릿' 하는 느낌은 있어도 헛통증은 없습니다.

"그건 그렇다 치고, 눈에 보이지 않는다면서 환지의 발이 '작다'는 것은 어떻게 알 수 있지요? 15년이나 세월이 흘러서 전에 사용하던 발의 기억이 희미해진 결과일까요?" 내가 이런 질문을 했더니 오마에 씨는 한마디로 대답했습니다. "그건 움직일 수 없기 때문이에요." '움직일 것 같다'는 생각이 들지만 자기 생각대로 '움직이지 않는다'는 것, 다시 말해 인터뷰 당시 오마에 씨에게 환지는 '모양'으로서 존재하는 것이 아니라 '운동 명령'과의 관계 속에서 존재한다는 것을 알 수 있었습니다. '내 몸은 예전에 이런 모습'이었다는 형태의 기준이 아니라 '내 몸은 이런 식으로 움직일 것'이라는 운동의 기준이 기억으로서 남아 있는 것입니다.

오마에 씨가 지닌 환지의 감각이 다섯 발가락을 기반으로 삼는다는 점이 그 증거입니다. "절단한 끝부분이 둥글어지고, 그곳에 엄지발가락, 집게발가락, 가운뎃발가락 같은 것이 톡, 톡, 톡 튀어나와 달려 있는 느낌입니다." 오마에 씨는 과거에 왼발의 발가락을 벌려 파pas* 동작을 할 수 있었고, 지금도 오른발로 파 동작이 가능합니다. 그렇기 때문에 발에서 발가락이라는 비교적 잘 움직이는 부위에 대한 위치 감각이 환지에 남아 있다고 볼 수 있습니다.

만약 발가락으로 파 동작을 할 수 없는 사람이 다리를 절단했다면, 그 사람의 환지는 어떻게 될까요? 발가락의 운동 기억이 지극히 한정적이라면, 아마도 오마에 씨처럼 다섯 발가락의 위치를 명확하게 지시할 수는 없을 것입니다. 그렇지만 오마에 씨에게는 발의 운동 기억이 풍부하게 남아 있기 때문에 "실제로는 뭉툭한 발인데도 '이쪽이 엄지발가락이고, 이쪽이 집게발가락이야' 하는 감각이 있어요."

* 발레 등에서 몸의 중심이 한 발에서 다른 발로 옮아가는 운동. — 역주

환지 발가락과 발바닥

실제로 운동할 때 환상의 '작은 발'은 어떻게 될까요? 오마에 씨는 무용 공연 때 의족을 끼운 왼쪽 다리로만 서 있어보려고 한 적이 있습니다. 의족을 끼우고 있을 때 절단 부위 전체는 의족의 소켓 부분에 송두리째 들어가 있습니다. 그때 소켓 안에 있는 환지는 어떤 상태일까요?

일반적으로 "발바닥은 밥공기를 엎어놓듯 둥글게 뭉친 형태로 만든다고 생각하고 힘을 주면 균형을 잡기 쉬워요" 하고 오마에 씨는 말합니다. '발바닥을 밥공기처럼 만들기' 위해서는 엄지발가락 안쪽에서 새끼발가락 안쪽까지 다섯 발가락뿐 아니라 발꿈치, 발바닥의 안쪽과 바깥쪽 등 발의 외측 주변에 힘을 줄 필요가 있습니다. 그렇게 하면 발바닥 가운데가 지면에서 뜨면서 자세가 안정됩니다. 탐구심이 강한 오마에 씨는 이렇게 설명을 이어갔습니다. "발바닥 가운데를 쓸 수 있으면 넓적다리 안쪽도 쓸 수 있게 됩니다. 그러면 절묘하게도 서로 연동하기 시작하지요."

오마에 씨의 경우 오른발은 이런 식으로 제대로 쓸 수 있지만, 절단한 왼발에는 '발바닥'에 해당하는 부분이 없습니다. 어떻게 해야 할까요? "마찬가지로 왼발도 현실적으로는 그렇게 될 리 없지만 그런 식으로 해야겠다고 의식하고 힘을 꽉 주어 밥공기처럼 둥글게 만들려고 합니다."

다시 말해 오마에 씨는 발바닥이 없는 왼발의 절단 부분에 예전 기억, 즉 사고 전 발바닥을 사용했을 때 움직이던 감각의 기억을 적용하려는 방식으로 몸의 움직임을 의식하고 있습니다. 물론 없는 것을 사용하려고 한들 물리적으로는 몸을 움직일 수 없겠지요. 오마에 씨가 말하듯 '힘을 꽉 주어 밥공기처럼 둥글게 만들려고' 의식하더라도, 그에 맞추어 물리적으로 둥글게 뭉칠 신체의 부위는 존재하지 않습니다.

그런데도 오마에 씨가 '발바닥에 힘을 꽉 주어 밥공기처럼 둥글게 만들려는 감각'을 의식하고 있다는 점이 흥미롭습니다. 만약 '발바닥에 힘을 꽉 주어 밥공기처럼 둥글게 만드는 일'을 머릿속에 문장으로 떠올릴 수 있다면, 몸이 어떤 상태에 있든 그렇게 하기는 가능합니다. 오마에 씨가 '발바닥에 힘을 꽉 주어 밥공기처럼 둥글게 만든다'고 할 때, 그것은 단지 문장으로만 묘사하는 상태가 아닙니다. '발바닥을 둥글게 만드는 방식'이라는 표현을 보더라도 명확하듯이, 적어도 몸의 감각으로서 '발바닥을 둥글게 만드는 느낌'은 엄연히 존재합니다.

'발바닥을 둥글게 만드는 느낌'이 성립하기 위해서는 '발바닥을 둥글게 만들라'는 명령을 어떤 식으로든 받아들일 필요가 있습니다. 실제로 발바닥이 없는데도 이런 명령을 받아들이는 부위가 있다는 사실은 환지가 아니고는 달리 해명할 도리가 없습니다.

앞에서 확인한 대로 '힘을 꽉 주어 둥글게 만들기' 위해서는 발가락이나 발꿈치에 힘을 주어야 합니다. 그리고 오마에 씨의 환지는 실로 '톡, 톡, 톡' 하고 '발가락'이 달려 있었습니다. 오마에 씨가 '발바닥을 둥글게 만들려고' 의식할 때는 이른바 환지의 발가락에 힘을 준다는 뜻이 됩니다. 환상이라고는 하지만 발가락을 움직이는 감각이 있기 때문에 오마에 씨는 '발바닥에 힘을 꽉 주어 둥글게 만들려는 감각'을 의식할 수 있었다고 볼 수 있습니다.

오마에 씨는 힘을 꽉 주어 둥글게 만들려는 방식으로 환지를 의식적으로 조작할 수 있습니다. 이 점이 오마에 씨가 헛통증을 심하게 느끼지 않는 이유라고 볼 수 있습니다.

환상의 발가락을 움직이는 경험이 계속 쌓여나가면 그 결과 물리적으로도 오마에 씨의 몸이 단련된다는 점 또한 흥미롭습니다. 환상의 발가락일지언정 힘을 주면 가까이 있는 근육이 더불어 움직입니다. 아까 얘기한 것처럼 오마에 씨의 절단 부위는 일반적으로 다른 장애인보다 훨씬 딱딱하고 근육으로 덮여 있습니다. 이렇게 특별하고 예외적인 근육은 오마에 씨가 의식적으로 예전과 똑같이 왼발을 사용하려고 노력했기 때문입니다.

절단 이후에 생긴 요령

이렇듯 오마에 씨는 절단한 왼발을 적극적으로 사용함으로써 발을 움직이는 구조를 새로이 발명했습니다. 원래 자동으로 움직이는 오른발과 전혀 다른 구조입니다. 오마에 씨는 이렇게 말하지요. "오른발이란 놈과 왼발이란 놈은 전혀 다른 사람 것 같아요."

'요령과 기능은 다르다'고 오마에 씨는 말합니다. "요령과 기능은 좀 달라요. 왼발에는 늘 의식을 기울이고 있기 때문에 근육도 민감해졌어요. 그렇게 하면 세밀한 동작도 할 수 있어요. 이를테면 금방 힘을 주는 일도 가능하지요. 오른발은 힘이 넘치지만 요령은 없어요."

'기능'으로만 따지자면 말할 것도 없이 오른발이 압도적으로 유리합니다. 떨어진 물건을 집어 올리는 일은 왼발로 할 수 없지요. 하지만 언제나 매뉴얼을 통해 제어해야 하기 때문에 왼발은 의식적으로 움직일 수 있는 정밀도가 높아졌다고 볼 수 있습니다. '여기를 이렇게 움직일 수 있을 것 같다', '여기에 이렇게 힘을 줄 수 있겠다'는 식으로 의식이 작동하면, 왼발은 미세한 움직임도 제대로 부응해줍니다. 이것이 바로 오마에 씨가 말하는 '요령'이겠지요.

바꾸어 말하면 이는 '왼발을 요령 있게 사용하는' 감각입니다. 오마에 씨는 절단 부위 끝에 있는 의족을 '요령 있게 사용

하고' 있을 뿐, 신체 감각으로 보더라도 의족이 자기 몸의 일부
는 아닙니다.

"어디까지나 왼발은 '도구'입니다. 도구를 사용한다는 감
각이랄까요. 다리 끝에 달려 있는 도구의 사용 방법에 숙달했
다는 느낌이지요. 예컨대 팔 끝에 대말 같은 것이 뻗어 있으면
'여기쯤을 한번 눌러보자'는 식으로 의식적으로 조작하려고 들
겠지요. 그런 느낌입니다. '자 오늘도 지팡이를 써볼까?' 하는
식이죠.(웃음)"

공학 분야에서는 장애가 있는 몸을 지원하기 위해 다양한
장치를 개발하고 있는데, 자칫 그것을 수용하는 몸의 주관적
감각은 종종 간과하기 쉬운 듯합니다. '보조 기구가 상실한 몸
의 기능을 보완해준다'는 것은 외부에서 바라본 물리적인 차원
의 판단에 지나지 않습니다. 물론 '걷기'라는 동작은 가능해졌
지만, 당사자의 신체 감각으로 보면 오마에 씨만큼 숙달한 수
준으로 사용하는 사람조차 실제로 '걷는 것'이 아니라 '걷는 도
구를 사용하는 것'일 뿐입니다. 따라서 '보조 기구가 상실해버
린 몸의 기능을 보완해주기' 위해서는 '요령이 상실해버린 몸
의 기능을 보완해주는' 차원이 개재합니다. 요령을 부리는 일
은 매뉴얼 조작이기 때문에 당연히 당사자가 비용을 지불해야
한다는 것을 잊어서는 안 되겠지요.

잘 쓰는 쪽 다리의 변화

보통 도구를 요령 있게 사용하는 쪽은 단적으로 말해 '평소에 잘 쓰는 쪽 다리'를 말합니다. 오마에 씨는 다리를 절단하고 나서 '왼쪽'과 '오른쪽'이 바뀌었다고 합니다.

다리 절단 이전에 오마에 씨가 잘 쓰는 다리는 오른쪽 다리였습니다. 하지만 지금은 매뉴얼로 제어하는 훈련을 거듭한 결과, 왼쪽 다리가 더 편하고 익숙해져서 '왼발잡이'가 되었습니다. 거꾸로 오른쪽 다리는 힘이 있기 때문에 몸을 지탱하는 역할을 맡습니다. "밥공기와 젓가락이 뒤바뀐 셈이지요." 오마에 씨는 이렇게 비유하더군요.

보통 '왼손잡이/오른손잡이의 교체'라고 하면 잘 쓰던 쪽의 마비나 절단에 의해 남은 손을 익숙한 손으로 사용하도록 훈련하는 것을 가리킵니다. 그러나 오마에 씨의 경우는 완전히 반대입니다. 절단한 왼쪽 다리는 잘 쓰는 다리가 아니었기 때문에 굳이 왼발잡이로 바꿀 필요는 없습니다. 그런데도 오마에 씨의 왼쪽 다리는 오른쪽 다리를 뛰어넘는 요령을 획득해 잘 쓰는 쪽 다리라는 위상을 차지했습니다.

애초부터 오마에 씨의 경우 절단한 부위는 팔이 아니라 다리였다는 사정도 작용했을 것입니다. 팔과 다르게 다리는 무게를 떠받치는 중요한 역할을 맡은 신체 기관입니다. 몸의 안전에 직결된 역할을 오른쪽 다리가 중심으로 담당할 필요성이 생겼기 때문에 왼쪽 다리가 잘 쓰는 쪽 다리가 되었다고 생각할 수도 있습니다.

아무튼 '자동 제어에서 매뉴얼 제어로' 이행하는 일은 후천적 장애인 누구라도 경험하는 현격한 변화입니다. 오마에 씨는 무용수이기 때문에 몸에 관한 의식이 유별하게 민감했고, 그 덕분에 지극히 높은 매뉴얼 제어의 정밀도를 획득할 수 있었습니다. 오마에 씨는 다른 사람보다 특별히 운동 시스템의 업데이트를 꾸준히 이루어냈기 때문에 잘 쓰는 다리의 교환이라는 결과를 이루어냈다고 할 수 있습니다.

또한 오마에 씨는 이제 익숙한 다리가 되어버린 왼쪽 다리의 기량을 시험이라도 하듯, 굳이 몸에 맞지 않는 어그러진 의족을 개발해 무대 위에서 사용하기도 합니다. 너무 짧아서 서 있으면 끝이 바닥에 닿지 않는 의족이나 지나치게 기다란 의족 같은 것 말입니다. 이런 장치는 균형을 잡을 수 없기 때문에 몸에 상당히 부담을 안겨줍니다. "의족 공방에 주문을 넣으면 그런 것은 만들어줄 수 없다고 말합니다. 그러면 무슨 일이 있어도 내가 책임을 지겠다고 약속하고 각서까지 쓴 다음에 의족을 주문하지요."

요령이라고 하면 보통 '효율적으로 이루어내는 능력'을 짐작하기 마련입니다. 그렇지만 그것이 반드시 '일반적인 정답을 향해 효율적으로 다가가는 것'을 의미한다고 볼 수는 없습니다. 오마에 씨의 생각은 이렇습니다. "보통 사람과 비슷해지기 위해 의족을 사용한다는 것을 기본적인 발상으로 여기기 쉽지만, 예술에서는 꼭 그럴 필요가 없어요."

몸을 아무 생각 없이 움직일 수 없다면 지향하는 목적도 맹목적으로 믿어서는 안 될 노릇입니다. 매뉴얼화의 증대가 새롭게 고안할 여지와 비평 가능성이 있을 것입니다. 오마에 씨는 인터뷰를 이렇게 끝맺었습니다. "우리는 생각이라는 것을 할 수밖에 없는 사람들이니까요. 번거롭기는 해도 단련된다는 느낌이 들어요."

에피소드 4

**아
프
지**

**않
지
만**

**아
픈**

**다
리**

선천적 장애인의 몸에서 일어나는 일

이제까지 여러 후천적 장애인의 몸을 살펴보았습니다. 후천적 장애인의 몸에는 종종 '장애를 입기 전 몸의 기억'과 '현재의 몸'이 더블 이미지*처럼 겹쳐 있습니다. 그래서 상식적으로 생각하면 약간 불가사의한 갖가지 현상이 생겨납니다.

이제부터는 좀 방향을 돌려 선천적인 장애인의 몸을 다루려고 합니다. '선천적으로 장애가 있다'는 것은 태어날 때부터 앞이 전혀 보이지 않는 사람, 한쪽 팔만 갖고 태어난 사람 등을 가리킵니다. 이런 사람들에게는 일반적으로 기억이라는 측면에서 더블 이미지는 생겨나지 않습니다. 후천적인 장애인이 경

---

* 산이 잠자는 사자로 보이는 등 하나의 화상이 동시에 다른 화상으로도 보이는 일. ─역주

험하는 시간의 단절이 없기 때문입니다.

하지만 선천적으로 장애가 있는 경우에도 장애 유형에 따라서는 '두 개의 몸'을 가질 수 있습니다. 바로 공간적인 단절이 있는 경우입니다. 한마디로 우반신과 좌반신, 또는 상반신과 하반신으로 몸의 상태가 다르게 나뉘는 경우입니다. 시간적인 단절은 없지만 상이한 두 개의 신체를 동시에 경험하고 있는 셈입니다. 이때 기억이 서로 다른 신체 사이에서 신기한 작용을 일으킵니다.

다리의 기능이 팔에도 있다

이분척추증이라는 병을 지닌 간바라 겐타 씨는 태어날 때부터 척추가 둘로 나뉘어 있습니다. 같은 이분척추증이라도 유형은 다양합니다. 지팡이나 도구를 사용해 걷는 사람도 있지만 간바라 씨는 휠체어를 타고 생활합니다. 신경이 거의 끊어졌기 때문에 허리 아래로는 만져도 감각이 없습니다.

일어서거나 걷는 동작은 어렵지만 전혀 움직이지 못하는 상태는 아닙니다. 왼쪽 다리는 조금 움직일 수 있습니다. "변기에 앉기 위해 뭔가 붙잡고 일어서려고 할 때 약간 왼발이 바닥에 닿기도 합니다." 반면 오른쪽 다리는 전혀 움직이지 못합니다.

허리 위쪽의 운동 기능은 온전합니다. 아니, 일상생활에서 하반신을 보완하는 역할을 담당하기 때문에 상반신은 비장애인보다 더 발달했습니다.

간바라 씨는 견갑골을 자주 움직이기 때문에 팔 근육이 탄탄합니다. 특히 그의 견갑골은 마치 날개 같아서 옆에서 보면 몸 전체가 백조처럼 보입니다. "마치 팔이 다리의 기능까지 갖추고 있는 느낌입니다. 손으로 기어가는 것도 '걷기'라고 볼 수 있고, 어떻게 보면 휠체어도 다리에 가깝습니다. 팔의 비중이 몸체와 엇비슷하다고 할까요."

간바라 씨는 에피소드 3에서 소개한 오마에 고이치 씨와 마찬가지로 장애인 올림픽의 폐회식에 등장해 휠체어를 사용한 퍼포먼스를 보여준 무용수이기도 합니다. 휠체어 위에서 물구나무를 서는 모습이 인상적입니다. 다리로 서는 것이 당연한 사람이 보기에는 마치 곡예를 펼치는 것 같지만, 간바라 씨는 유치원 때부터 그 동작이 가능했다고 합니다. 글자 그대로 '팔에 다리의 기능도 갖추고 있다'는 것을 드러내는 자세입니다.

계단에 착 붙는 움직임

실제로 내가 처음 간바라 겐타 씨를 만났을 때 가장 눈에 띈 점도 '팔이 다리처럼 움직이는' 모습이었습니다.

그날 나는 어떤 댄스 워크숍에 참가할 예정이었는데, 그 워크숍에 우연히 간바라 씨도 참가하기로 되어 있었던 듯합니다. 시부야 역 가까운 곳이었을 겁니다. 워크숍이 열리는 건물에 뒤늦게 도착했을 때 휠체어를 탄 간바라 씨도 마침 도착한 참이었습니다. 엘리베이터가 없어서 지하에 있는 행사장으로 가려면 중간쯤에 90도로 꺾여 돌아간 계단을 내려가는 수밖에 없었습니다.

나는 간바라 씨에게 도와주겠다고 말을 걸었습니다. 그랬더니 휠체어에서 내리는 것만 도와달라고 하더군요. 간바라 씨는 휠체어에서 내려 바닥에 주저앉는가 싶더니 곧장 엄청난 속도로 계단을 내려갔습니다.

아니, '내려가는 것'처럼 보인다기보다는 '미끄러지는 것'처럼 보였습니다. 동작이 얼마나 매끄러운지 계단에 턱이 있다는 것을 느끼지 못할 정도였습니다. 분명 양팔을 사용했지만 목발을 짚을 때처럼 동시에 지탱하지는 않더군요. 오른팔과 왼팔이 바닥에 닿는 타이밍이 미묘하게 어긋났고, 그에 맞추어 절묘하게 신체의 중심을 이동시켰습니다.

시선을 사로잡을 만큼 군더더기가 없는 움직임이었습니다. 스키 경기 중에 울룩불룩한 눈 둔덕이 있는 경사면을 타고 내려오는 모굴 스키mogul ski 경기가 있지요. 계단에 몸이 착 붙은 듯한 간바라 씨의 동작이 모굴 스키를 타는 모습과 비슷했습니다. 계단의 턱이 '둥글둥글' 깎여 있는 것 같았습니다. 평소의 계단과는 전혀 다른 딴 것으로 보였습니다.

맨 처음에 '도와드릴까요?' 하고 말을 걸었을 때는 계단이 울퉁불퉁하고 거친 바위처럼 보였지요. 계단의 턱은 그야말로 위험한 '장애물'이라고만 생각했습니다. '여기를 어떻게 내려가지?' 하고 머뭇거리며 고민할 때, 계단 턱이 지닌 물리적인 존재감이 두드러지게 느껴집니다. 그렇지만 그런 선입견은 끼어들 틈도 없다는 듯 간바라 씨는 계단의 턱을 보란 듯이 척척 제압해나갔습니다. 저런 식으로 몸을 딱 붙이고 계단을 내려가는 법도 있구나! 계단을 내려가는 새로운 방식을 목격하고 나자 계단이 부드러운 경사면처럼 완전히 다른 사물로 보이더군요.

어디까지나 자동 제어

그 정경을 바라보며 나는 솔직히 경탄을 금할 수 없었습니다. 하지만 간바라 씨의 입장에서 보자면 딱히 노력하거나 고민해야 하는 일은 아닙니다. 우리가 뭔가 골똘하게 생각하는 중에도 두 다리가 알아서 턱을 척척 딛고 계단을 내려가듯, 간바라 씨가 자기 방식으로 계단을 '미끄러지면서' 내려가는 일이 그에게는 당연하기 때문입니다.

간바라 씨는 이렇게 말합니다. "손으로 이동할 때 나도 딱히 의식하는 건 아니에요. 아마 다른 사람들이 걷는 것과 마찬가지가 아닐까 싶습니다. 계단을 올라가거나 내려갈 때조차 특별히 의식하지는 않아요."

비록 비장애인의 방식과는 다르다고 해도 자신에게 맞는 방식으로 몸을 자동 제어한다는 것은 선천적인 장애인의 고유한 특징입니다. 오마에 고이치 씨처럼 후천적으로 장애를 입은 탓에 의식적으로 몸을 제어할 필요가 있는 사람과는 다릅니다. 간바라 씨에게는 처음부터 '손으로 걷는 일'이 기본입니다. 지금껏 평생에 걸쳐 몸을 조종하는 기술을 자연스럽게 익혀온 것입니다.

간바라 씨는 초등학교 무렵부터 기어 다니듯 계단을 오르내렸다고 합니다. "학교 건물 1층부터 4층까지 각 층에 휠체어를 한 대씩 놓아두고 계단 옆에 카펫을 깔아주었기 때문에 손으로 기어서 계단을 이동했어요."

마침 자택도 언덕 위에 있었다고 합니다. "언덕 위에 집이 있으니까 전철역에서 10분 정도 오르막길을 올라가야 했어요. 지금 생각하면 영재 교육이었던 셈이죠.(웃음)" 간바라 씨는 상반신을 의식적으로 단련한 것이 아니라 어릴 적부터 생활 속에서 '다리의 기능을 갖춘 팔'을 자연스레 형성해왔다고 볼 수 있습니다.

온기를 느끼지 못하는 다리

　탄탄하게 근육이 붙은 상반신에 비해 간바라 씨의 하반신은 가늘고 감각도 거의 느끼지 못합니다. 허리를 경계로 현저하게 질이 다른 두 가지 몸을 갖고 있는 간바라 겐타 씨의 몸은 그야말로 하이브리드 신체라고 할 만합니다.

　애초에 감각이 있는 부분과 감각이 없는 부분의 경계선이 그다지 뚜렷하지는 않다고 합니다. 다른 사람에게 만져보라고 하면 허리께부터 '감각이 약해진다'고 합니다. 재미있는 부분은 왼쪽 다리입니다. 움직일 수는 있지만 감각은 없다고 하는군요. "머릿속에서 움직이라는 지시를 내리면 움직이기는 하지만 어딘가에 부딪친다 해도 전혀 알지 못해요."

　그렇기 때문에 허리 아래의 피부는 외부의 상태를 느끼는 기관으로 쓸 수 없습니다. 각로脚爐*에 다리를 쏙 넣었을 때 감각이 있다면 따뜻하겠지만, 간바라 씨는 다리를 넣어도 온기를 느끼지 않습니다. 그래서 각로는 손을 녹이기 위해 사용한다고 합니다.

　그런데 손을 각로에 넣으려고 하면 자주 코미디 같은 일이 벌어진다고 합니다. "각로에 손을 넣었을 때 다른 사람의 다리

＊ 일본어로는 '고타츠'. 숯불이나 전기 등의 열원 위에 틀을 놓고 그 위로 이불을 덮게 된 난방 기구. ─역주

를 만진 것 같아서 '앗, 미안!' 하고 말했는데 알고 보니 내 다리였지 뭐예요.(웃음)"

한마디로 손에는 감각이 있지만 손으로 만진 다리에는 감각이 없습니다. 그래서 타인의 몸을 만졌다고 생각한 것입니다. 부분마취를 했을 때처럼 자기 몸이지만 자기 몸이 아닌 것 같은 느낌에 가까울지 모릅니다.

각로의 예는 우스갯소리로 넘길 수도 있겠지만, 사실 자기 몸을 느낄 수 없다는 것은 몸이 지극히 무방비 상태에 놓여 있음을 의미합니다. 아까 간바라 씨의 왼쪽 다리가 움직일 수는 있지만 어딘가에 부딪친다 해도 전혀 인식하지 못한다는 사실을 확인했습니다. 간바라 씨는 자신의 다리에서 일어나야 할 통증을 느낄 수 없습니다. 다시 말해 설령 다친다고 해도 금세 알아챌 수 없다는 뜻입니다. 실제로 간바라 씨가 다리를 다친 경험은 일일이 셀 수 없다고 합니다.

"유치원 다닐 때 팔로 기어 다니면서 친구들과 술래잡기를 했는데, 어느새 다리에 찰과상을 입어 피를 흘린 적도 있었어요." 가벼운 찰과상이라고 해도 내버려두면 균이 생겨 곪을 수도 있습니다. 통증은 없지만 상처를 입는다는 점은 다를 바 없으니까요. 생리적으로 안전하지 못한 상태입니다.

바꾸어 말하면 간바라 씨 같은 몸을 가진 사람은 아프지 않더라도 '이러면 안 되겠군' 하고 머리로 판단할 필요가 있습니다. 막상 상처를 입었을 때 어떤지에 대해 이렇게 말하더군요.

"어이쿠, 조심하지 않으면 큰일 나겠다는 생각이 스쳐요. 주위에서 조심하라는 말을 들어서 그렇다기보다 스스로 그런 마음이 들어요."

물론 허리를 심하게 부딪쳤을 때처럼 강한 충격을 받으면 다쳤다는 것을 느낄 수 있습니다. 부딪친 곳에는 감각이 없지만 진동이 뱃속까지 느껴지기 때문이지요. 다만 이럴 때도 통증은 없습니다. 통증을 느끼지 못하기 때문에 위험한 사태를 피하기 위해 주의 깊게 방법을 강구할 필요가 있습니다.

다리에 의식을 기울이다

애당초 통증이란 우리에게 자신의 몸을 지키라고 알려주는 중요한 경보음입니다. 우리는 통증을 부정적으로 인식하기 쉽지만, 막상 몸에 이상이 생길 때면 통증이라는 경보음이 울린 덕분에 자기 몸의 안전을 지킬 수 있습니다. 통증은 어떤 의미에서 고마운 존재입니다.

그렇지만 통증을 경보음이라고 보는 시각은 해석 방식의 하나일 뿐, 반드시 보편적이라고 할 수 없습니다. 통증은 단순한 생리 현상일 뿐 아니라 문화적인 측면도 지니고 있어서 시대나 지역에 따라 느끼는 방식이 다르기 때문입니다.*

예를 들어 서양에서는 18세기까지 통증 부위나 속성에 주의를 기울이려는 발상이 없었다고 합니다. 아직 해부학이 발달하지 않은 데다가 네 가지 체액의 균형이 깨진 몸 전체에 통증의 원인이 있다고 생각했기 때문입니다. 좀 더 시대를 거슬러 올라가, 16~17세기 경건한 프로테스탄트의 일기를 읽어보면 통증의 원인이 자신의 몸이 아니라 신의 영역에 있는 것으로 이해했다고 알려져 있습니다.**

적어도 현대 일본에서는 통증을 경보음으로 이해하는 사람이 대부분입니다. 그러나 간바라 씨의 다리에는 '저절로 울리는 경계 태세'가 표준으로 내장되어 있지 않습니다. 그래서 스스로 의식을 발동시켜 몸을 감시해야 합니다. 상처를 입었는지 아닌지, 이상한 자세를 취하고 있는지 아닌지, 늘 주의를 기울이지 않으면 나중에 손을 쓰기 어려워질지 모르기 때문입니다.

이러한 감시 체제를 가리켜 간바라 씨는 '다리에 의식을 기울이고 있다'고 표현합니다. "다리에 의식을 기울이고 있는 이유는 순수하게 다치지 않기 위해서입니다. 감각이 없으니까 다치지 않도록 의식을 기울이고 있는 것이지요."

'다리를 의식한다'가 아니라 '다리에 의식을 기울이고 있다'는 표현이 재미있습니다. 자신의 내부에서 다리의 존재를 느낄

---

 * David B. Morris, *Illness and Culture in the Postmodern Age*, University of California Press, 1998.
** 伊東剛史, 後藤はる美編, 『통증과 감정의 영국사(痛みと感情のイギリス史)』, 東京外国語大学出版会, 2017, pp.105~140.

수 있다면 '다리를 의식한다'는 쪽에 속하겠지요. 하지만 간바라 씨는 다리의 존재를 실감할 수 없습니다. 그래서 '다리에 의식을 기울이고 있다'는 식으로 외부에서 의도적으로 주의를 기울인다는 표현을 씁니다. 이는 각로에 넣은 자신의 다리를 남의 다리라고 착각할 때와 같이 다리가 자신의 외부에 있는 사물로 느껴지는 감각임을 내포합니다. 그렇습니다. 간바라 씨의 몸은 다리의 상태를 내부가 아니라 외부에서 느낀다는 점이 특징적입니다.

내부에서 자신의 몸 상태를 느끼는 것은 체성 감각somesthesia*의 작용입니다. 근육이나 힘줄에 파묻힌 수용기receptor**가 늘어나거나 줄어드는 상태를 감지하고, 그것을 통해 신체가 지금 어떤 자세를 취하고 있는지를 내부에서 아는 것입니다.

이와 대조적으로 외부에서 느끼는 것은 시각이나 손의 촉각 작용이 중심적입니다. 각로 안에서 자기 다리를 만졌다는 일화도 각로 안에 집어넣은 다리를 시각으로 확인할 수 없기 때문에 벌어진 착각이라고 볼 수 있습니다. 당연한 말이지만 휠체어에 앉아 있을 때는 자기 다리를 남의 다리라고 착각하지 않겠지요. 각로는 안쪽을 눈으로 볼 수 없기 때문에 으레 여기에

---

* 피부 감각, 운동 감각, 평형 감각을 통틀어 이르는 말. ─ 역주
** 해부학적으로 자극에 대하여 반응하는 구조. 말초 감각기관이나 말초신경의 끝부분, 신경 상피 세포, 수용기 세포를 가진 감각기관의 한 부분, 눈이나 귀와 같은 분화된 감각기관 등을 말한다. ─ 역주

있을 것이라고 짐작하는 것과 다른 위치에 다리가 있을 수 있습니다.

손의 감각으로 다리를 확인하는 것은 가령 다리의 온도를 확인할 때입니다. "다리가 차가워졌는지 손으로 확인하곤 합니다. 다리의 감각이 없다는 점을 보완하기 위해 시각을 사용하거나 촉각을 사용하고 있지요."

시각이 아니라 촉각으로 느낄 때는 경험 자체가 상당히 특수해집니다. 감각이 있다면 자기 몸을 만지는 일은 언제나 '만져지는' 감각과 쌍을 이루는 쌍방향적 경험입니다. 그러나 간바라 씨의 몸은 그렇지 않습니다. 만지는 일은 외부에서만 주어지는 경험으로 느껴집니다.

오른쪽 다리에게는 미안하지만

'의식을 기울이고 있는' 감각은 의족 사용자와 통하는 부분입니다. 간바라 씨의 다리처럼 의족도 내부에서는 느끼는 일이 불가능하기 때문입니다. 그러나 의족 사용자의 의족과 간바라 씨의 다리는 본인의 의식이라는 측면에서 볼 때 본질적으로 상이한 듯합니다. '거리감' 같은 것이 말이지요.

우선 적어도 내가 인터뷰해본 경험에 따르면, 의족 사용자의 의족은 어디까지나 '도구'입니다. 자기 몸의 일부는 아닌 것이지요. 에피소드 3에 나오는 오마에 씨의 '요령'이라는 말이 상징하듯, 의족은 사용하는 것이지 저절로 움직이는 것이 아닙니다. '의족으로 걷는다'고 하기보다는 '의족을 사용해 걷는다'고 할 수 있지요.

의수 사용자의 경우에는 의족 사용자보다 거리감이 더욱 큽니다. 왜냐하면 현시점에서 의수 사용자 대부분은 장식 의수, 다시 말해 움직일 수 없는 의수를 사용하기 때문입니다. 물리적인 동작을 위해 '사용하는' 일이 없기 때문에 의수는 '물건'에 가깝습니다.

그렇기 때문에 '의식을 기울이고 있다'고는 해도 의수 사용자가 주의를 기울이는 대상은 간바라 씨와 다릅니다. 이를테면 인파가 혼잡한 지하철 같은 장소에서 의수를 거침없이 움직인다면 주변 사람들이 다칠지도 모릅니다. 또 의수라는 사실이 알려지면 사람들이 놀라기도 하겠지요. 따라서 의수라는 '물건'과 '주변 사람'의 관계가 의식의 대상이 됩니다.

반면 간바라 씨의 경우, 거리는 있을지언정 다리는 단순한 '물건'이나 '도구'가 아닙니다. 물리적으로 생체의 일부입니다. 그래서 당연하다면 당연한 일이지만, 인터뷰에서 사용한 언어 구석구석에 미묘한 거리감이 느껴지는 점이 흥미롭습니다.

간바라 씨는 오른쪽 다리에 대해 '자기 자신이라는 느낌은 있다'고 말합니다. 한편으로 만약 사고 등으로 오른쪽 다리를 잃는 일이 벌어진다고 해도 '금세 다시 일어설 수 있을 것 같다'고도 합니다. 거칠게 말해 간바라 씨에게 오른쪽 다리는 별로 의미가 없습니다. 왼쪽 다리는 일어설 때 버팀목 역할을 해주는 등 일상생활에서 꽤 도움이 되는 존재이지만, 오른쪽 다리는 그렇지 않습니다.

때문에 자기 자신이라는 느낌은 있지만 없어진다 해도 별 상관이 없습니다. '오른쪽 다리', '왼쪽 다리', '손' 각각에 대한 거리감을 간바라 씨는 이렇게 정리합니다. "손이 제일 나 자신에 가깝고, 그다음이 왼쪽 다리에요. 오른쪽 다리는 거리가 꽤 먼 존재로 느끼지요. 오른쪽 다리에게는 미안하지만요.(웃음)"

웃으면서 덧붙인 '오른쪽 다리에게는 미안하지만'이라는 말은 '어이쿠, 본심을 들켜버렸네' 하는 감정이겠지요. 기능이 없는 이상 그것은 거리가 꽤 먼 존재, 어쩌면 없어져도 크게 상관없는 존재일지도 모릅니다.

그래도 본심이야 어떻든 그와 별개로 객관적으로는 오른쪽 다리가 거기에 있습니다. 따라서 끌어안고 함께 갈 수밖에 없지요. 명분의 차원에서는 늘 의식을 기울이고 있을 필요, 즉 신경을 계속 쓸 필요가 있습니다.

'명분'이라는 말이 불편하게 들릴지도 모르지만, 이 말은 요컨대 눈앞의 이해관계를 일단 제쳐놓는다는 의미입니다. 간바라 씨의 오른쪽 다리는 그때그때 자기 역할을 해주는 상대는 아닙니다. 그렇지만 오른쪽 다리와 좋은 관계를 맺어야 자기 몸의 안전을 지킬 수 있습니다. 그래서 계속 신경을 쓸 필요가 있습니다.

사물로 보이는 것이 자기 자신이라는 감각, 즉 '사물'과 '자기 자신'이 동전의 양면을 이루고 있다는 감각이 장식 의수와 다른 점입니다. 언어의 차원에서는 몸과 사물이 전혀 별개이지만, 실제로 그 사이에는 다양하게 완충해주는 매개가 있습니다.

아픈 것 같은 느낌

간바라 씨의 오른쪽 다리는 자기 몸의 일부이면서도 외부에서만 정보를 얻을 수 있다는 점에서 이른바 비장애인의 몸과 정보 수집의 경로를 달리합니다. 그러나 정작 진짜 중요한 이야기는 이제부터입니다. 사태는 그렇게 단순하지 않거든요.

신경이 물리적으로 정보를 전달한다는 실태를 보자면, 간바라 씨가 다리에 대해 알 수 있는 방법은 확실히 '외부에서' 주어집니다. 그런데 감각의 차원에서 간바라 씨가 느끼는 것이 반드시 그렇기만 하지는 않습니다. '내부에서인지 외부에서인지'를 명확하게 구별할 수 없는 애매모호한 영역이 존재하기 때문입니다.

가령 다리를 다쳤을 때 자신의 피부에 상처가 나서 피가 흐르는 것을 보고 있으면, '다리에 감각이 없다', '아프지 않다'는 사실이 흔들린다고 합니다. "다리에서 피가 나는 것을 보고 있으면 이상하게도 어쩐지 아픈 것 같은 느낌이 오는 거예요.(웃음) 아프지 않은데도 피가 난다는 사실 때문에 아프다는 느낌이 들더라고요."

그렇습니다. 시각적으로 느끼는 '상처'를 단순히 '외부에서 주어진 정보'로만 받아들일 수 없는 지점이 생기고, 내부에서 아픔의 감각 같은 것이 따라오기 시작할 때가 있다고 간바라 씨는 말합니다.

여기에서 통증을 느끼는 일이 실제로 상처가 난 순간이 아니라 상처가 났다는 것을 깨달을 때라는 점이 핵심입니다. "다리에 화상을 입었을 때는 아무렇지도 않았는데 물집이 잡힌 것을 봤더니 아픈 것 같은 기분이 들었어요. 그러니까 아마도 실제 감각은 없을 거예요." 한마디로 남아 있는 다리의 신경이 반응하는 것이 아니라 어디까지나 시각이 받아들인 정보의 결과로서 통증이 발생하기 시작한다고 볼 수 있습니다.

물론 통증이라고 해도 '아리고 쓰린 느낌'이나 '쿡쿡 쑤시는 느낌'과 같이 명확하게 아픔을 느끼는 것이 아닙니다. 간바라 씨는 어디까지나 '은근히 거북한 느낌'이라고 말합니다. "명확하게 아프지는 않지만 발밑이 거북하달까, 아픈 것 같은 상태, 왠지 모르게 불편한 상태입니다."

'발밑이 거북하다'고 말한 점이 흥미롭습니다. 누구나 다른 사람의 몸이 다친 것을 보면 아픔 비슷한 감각을 느낄 때가 있습니다. 그렇지만 이 경우에는 반드시 상처를 입은 부위와 똑

같은 부위에 통증을 느끼는 것은 아닙니다. 그런데 간바라 씨는 '발밑'이 거북하다고 말합니다. 평소에는 외부에서만 알 수밖에 없는 다리에 내부에서 주어지는 감각이 뚜렷하게 생겨나려고 하는 것입니다.

고무손 착각 현상

만약 간바라 씨가 하반신뿐 아니라 전신의 감각을 결여하고 있다면 이런 일은 벌어지지 않겠지요. 온몸에 전혀 통증을 느끼지 못하는 무통증 신체를 가진 사람도 있습니다.

간바라 씨의 경우에는 상반신으로 느끼는 통증의 경험만 있기 때문에 시각적인 상처의 정보에 자극을 받아 '아픈 것 같은 느낌'이 만들어졌다고 추론할 수 있습니다. 상처를 입으면 분명 아플 것이라고 생각하고, 눈으로 목격한 하반신의 상처를 합리적으로 설명하기 위해 상반신의 경험을 참고해 통증이라는 '증거'를 날조해냈다고 볼 수 있습니다. "다쳤다는 것을 알지 못하면 거북한 느낌도 없어요. 그러니까 눈으로 본 것에 뇌가 어떤 이유를 갖다 대려고 하는 것이 아닐까 싶어요."

일반적으로 감각은 피부나 눈, 귀 같은 감각기관이 수용하는 것으로 알려져 있습니다. 말단 감각기관이 받아들인 자극이 신호로 변환되어 뇌나 척수 같은 중추신경에 전달됩니다. 운동 명령이 중추에서 말단으로 향하는 데 비해 감각 정보는 말단에서 중추로 흘러가지요. 교과서에도 그렇게 쓰여 있습니다.

그렇지만 실제 감각 체계는 좀 더 복잡합니다. 감각은 반드시 감각기관이 받아들이는 것이 아닙니다. 거꾸로 중추에서 내보내는 감각도 있습니다. 간바라 씨의 다리 '통증'도 이러한 기능과 관계가 있어 보입니다. 중추에서 말단으로 보내지는 감각, 이렇게 반대 방향으로 흐르는 감각의 존재를 보여주는 유명한 예가 바로 고무손 착각 현상Rubber hand illusion입니다.

고무손 착각 현상을 설명하면 이렇습니다. 우선 자기 손과 고무로 만든 가짜 손을 책상 위에 나란히 올려놓습니다. 그리고 자기 손과 가짜 손 사이에 가리개를 세워서 자기 손이 눈에 보이지 않도록 합니다. 그다음 두 개의 손을 동시에 붓으로 문지릅니다. 그러면 눈에 보이는 가짜 손을 자기 손이라고 믿어버리는 것입니다.

'설마 그럴 리가!' 하는 생각이 들지도 모르지만, '내 손'이라는 인식 대상에 혼란이 일어난다는 사실은 두 개의 손에 다른 자극을 가해보면 알 수 있습니다. 한 연구에 따르면* 진짜 손 위에는 플라스틱 조각을 얹고 가짜 손 위에는 얼음을 얹어놓았더니 많은 사람들이 차가움을 느꼈다고 합니다. 반대로 가

---

* Shoko Kanaya, Yuka Matsushima, Kazuhiko Yokosawa, "Does seeing ice really feel cold? : Visual-thermal interaction under an illusionary body-ownership," *PLoS ONE*, November 2012.

짜 손 위에 얼음 대신 플라스틱 조각을 바꾸어 얹어 놓으면 따뜻함을 느낍니다. 진짜 손에 올려놓은 것은 똑같은데도 눈으로 받아들이는 정보에 따라 촉각이 좌지우지되는 것입니다.

감각을 예측하는 뇌

이 실험을 통해 시각 정보를 보완하는 촉각이 만들어지는 사태가 발생한다는 것을 알 수 있습니다. 피부를 통해 어떤 정보가 전해진 것도 아닌데 '틀림없이 그럴 거야' 하는 예측이 감각으로 느껴집니다.

이런 일이 고무손 착각 현상과 같이 자기 몸이 아닌 것을 자기 몸이라고 믿어버리는 특수한 상황에서만 발생하는 것은 아닙니다. 이러저러하리라고 감각을 예측하는 일은 지극히 정상적인 뇌의 작용입니다.

인공지능 개발을 통해 인간의 지능이나 몸에 관한 연구를 진행하고 있는 미야케 요이치로三宅陽一郎는 이렇게 말합니다. "두뇌는 외부에서 기인하는 감각을 예측합니다. 그런데 예측에는 어느 정도 감각을 조정하는 기능이 있어서 미리 '차가운' 것에 닿으리라는 사정을 알면 웬만큼 마음의 준비를 할 수 있습니다. 무거운 것을 들기 전에 무거운 것을 들기 위해 필요한 신호가 신체에 전해지면 근육이 긴장하지요. 뇌에서 동시에 무거운 것을 드는 신체 운동의 예측이 이루어지기 때문입니다."*

감각과 운동은 서로 연결되어 있습니다. 실제 감각이 느껴지기 이전에 어떤 대상을 만지면 어떤 느낌일지 예측하고 미리 준비를 합니다. 아까 얼음의 예를 들면, "뇌가 '이건 차가울 테니까 미리 마음의 준비를 해둬' 하는 지령을 내리고, 실제로 차갑다고 느끼는 것"입니다.

간바라 씨는 상처가 난 것을 봄으로써 실제로 아픔을 느끼기 전에 먼저 통증이 있을 것이라고 예측했습니다. 그리고 자신이 예측한 통증이 '발밑이 거북하고 아픈 것 같은 느낌'으로 다가왔다고 볼 수 있습니다. 상반신의 경험을 통한 예측입니다. 실제로는 통증이 없기 때문에 미리 예상한 통증만 느껴진다고 볼 수 있습니다.

덧붙여 감각의 예측과 밀접한 관계가 있는 증상이 '간지럼'입니다.** 다른 사람이 발바닥이나 배를 간질이면 간지러운데 자기 손으로 간질이면 전혀 간지럽지 않습니다. 그 이유는 자기가 간질이면 만지는 타이밍이나 강도를 예측할 수 있기 때문입니다. 타인이 간질일 때는 언제 어떻게 자극이 올지 정확하게 예측할 수 없으며 거기에서 벌어지는 어긋남이 간지러움을

---

* 三宅陽一郎, 『인공지능을 위한 철학 학원(人工知能のための哲學塾)』, 비-·エヌ·エヌ新社, 2016, pp.252~253.
** 山口創, 『신기한 피부 감각(皮膚感覚の不思議)』, 講談社, 2006, pp.125~154.

유발한다고 볼 수 있습니다. 자기가 간질일 때는 예상하지 못할 뜻밖의 요소가 없기 때문에 간지럽지 않은 것입니다.

어디부터 어디까지가 자기 몸이냐 하는 경계도, 어디부터 어디까지가 실제로 느끼는 감각이냐 하는 경계도 사실은 지극히 애매모호합니다. 간바라 씨의 몸은 이렇게 애매모호한 영역에 기억이 크게 작용하는 경우입니다. 상반신으로 경험한 기억이 하반신이 느낄 감각을 예측해냅니다. 공간적인 단절이 존재하는 몸이기 때문에 '기억이 밖으로 배어나오는' 현상이라고 볼 수 있습니다.

에피소드 5

문화적으로 설치된 감각

집단적 기억

기억은 과거에 속하지만 현재를 이해하기 위한 열쇠가 됩니다. 기억에는 전파라는 속성이 있어서 어떤 경험이 그 일을 경험하지 않은 사람에 의해 사용될 수도 있습니다.

간바라 겐타 씨의 에피소드는 몸의 어떤 부분이 지닌 경험이 몸의 다른 부분에 의해 쓰이는 전파 사례를 보여주었습니다. 그러나 다른 전파 양상도 있습니다. 하나의 몸이 지닌 물리적인 윤곽을 뛰어넘어 어떤 인간에게서 다른 인간으로 기억이 전해지는 일도 있습니다. 그것은 문화의 영역입니다.

애초부터 기억이란 반드시 개인적인 기억으로만 한정할 수 없습니다. 히로시마 평화기념관 원폭 돔을 보면 태평양전쟁을 떠올릴 것입니다. 실제로 전쟁을 경험한 사람이든 그렇지 않은 사람이든, 더욱이 일본인이라면 전쟁을 연상하는 것이 아주 보편적이겠지요. 기억은 복수의 인간으로 이루어진 집단이나 사회를 통해 전달과 공유가 이루어집니다.

집단적인 기억 형성에 기여하는 것으로 사진이나 영상, 또는 글이나 문서를 꼽을 수 있습니다. 그런 매체를 통해 우리는 기억을 잃어버리지 않을 뿐 아니라 실제 몸으로 경험한 적 없는 일도 알 수 있습니다.

하지만 글자 그대로 오직 '기록'만 기억에 관여하는 것은 아닙니다. 문학, 그림, 영화, 만화 같은 허구의 양식도 집단이 공유하는 장소나 사건의 관점에 적잖이 영향을 미칩니다. 마루키 丸木 부부*의 회화나 『맨발의 겐 はだしのゲン』**이 적어도 어느 한 세대의 원폭 기억에 깊이 영향을 끼쳤다는 것은 틀림없습니다.

에피소드 5에서는 소설을 읽거나 그림을 보는 과정에서 장애가 있는 사람 몸에 어떤 일이 일어나는지 주목해보려고 합니다. 이는 집단적 기억과 개인 한 사람의 몸이 맺는 관계를 풀어보는 작업이기도 합니다.

소설이나 회화가 집단적 기억에 관여하는 것은 분명합니다만, 이때 말하는 기억이란 기본적으로 비장애인의 몸을 기준으

* 남편 마루키 이리(丸木位里)와 아내 마루키 도시(丸木俊)는 부부 화가로서 둘이 함께 그린 〈원폭 그림(原爆の図)〉이 유명하다. — 역주
** 나카자와 게이지(中沢啓治, 1939~2012)가 1973~1987년에 걸쳐 자신의 피폭 체험을 바탕으로 그린 자전적 만화 작품. 격동의 시대를 필사적으로 살아내는 주인공 나카오카 겐의 모습을 그려냈다. — 역주

로 삼은 것입니다. 이런 작품들이 앞이 보이지 않는 사람, 소리가 들리지 않는 사람에게도 신체적으로 현실감을 지녔을 것이라고 단정할 수는 없습니다. 다른 식으로 말하자면 소설을 읽거나 그림을 감상하는 경험은 두 개의 다른 몸이 만나는 장이라고 할 수 있습니다.

옛날에 선인이 써놓은 글을 읽으면 당시 풍습이나 사고방식에 놀라기도 하는데, 장애인의 독서에도 비슷한 일이 일어납니다. 한마디로 글을 쓴 사람의 몸과 글을 읽는 사람의 몸이 지나치게 상이할 경우 서로 마찰을 빚기도 하고 서로 침투해 섞이기도 합니다. 회화도 물론 마찬가지입니다.

어떤 몸의 기억이 다른 몸, 그것도 조건이 다른 몸과 만나면 어떻게 될까요? 이런 접촉은 거북한 느낌을 낳기도 하고, 반대로 몸을 변화시키는 배움의 기회가 되기도 합니다. 이제부터 '자기 것이 아닌 기억과 만나는 일'에 대해 생각해봅시다.

'자리가 다섯'인 레스토랑

나카세 에리中瀬恵里 씨는 전맹의 독서가입니다. 선천적으로 앞을 전혀 보지 못하기 때문에 애당초 '본다'는 행위가 어떤 것인지 경험적으로 알지 못합니다. 그렇기 때문에 앞이 보이는 사람이 쓴 글을 읽을 때 이질감을 느낄 때가 있다고 합니다.

예를 들어 소설에 레스토랑 내부를 묘사한 대목이 나왔다고 하지요. "매장 문을 열었더니 카운터 외에 자리가 다섯 있었다." 이렇게 무심하게 넘어갈 만한 평범한 묘사라고 해도 나카세 씨가 보기에는 어딘지 마음이 불편해진다고 합니다.

그것은 어떤 불편함일까요? 나카세 씨는 '세세하다'고 말합니다. "책을 읽으면 과도하게 정보가 세세해요. 보통은 잘 알지 못하고 넘어갈 것도 쓰여 있지요. '어머, 자리가 다섯이구나.' 이런 식으로요.(웃음) 단골 가게에서도 세어본 적이 없는 자리에 관한 정보가 나오니까 너무 세세하다는 생각이 들어요."

나카세 씨가 실제로 레스토랑에 갔을 때 경험한 기억과 작가가 묘사한 정보를 비교함으로써 '세세하다'는 반응이 빚어졌습니다. 나카세 씨는 단골 가게에서조차 굳이 자리의 수를 확인한 적이 없습니다. 그러니 생각해내려고 해도 생각해낼 수 없지요. 그것은 의식하지도 않고 기억하지도 않은 정보입니다.

그렇지만 앞이 보이는 사람이 쓴 글에는 아무렇지도 않게 '다섯'이라는 수가 명시되어 있습니다. 자신이 의식하거나 기억하지 않는 정보를 소설이 그려내고 있는 점을 나카세 씨는 '세세하다'고 느끼는 셈입니다.

경험의 패턴

그런데 이와 같은 차이를 단순히 '정보량'의 문제로 환원할 수 없다는 점에 주의해야 합니다.

앞이 보이는 사람의 묘사는 나카세 씨가 의식하거나 기억하지 않는 정보를 분명히 포함하고 있다는 점에서 정보량이 많아 보입니다. 그러나 '자리가 다섯'이라는 정보를 통해 앞이 보이는 사람이 무엇을 전달하고자 했는지를 생각한다면, 정보의 '양'뿐만 아니라 '질'의 문제도 관련되어 있음을 알 수 있습니다.

앞이 보이는 사람이 레스토랑의 자리가 몇인지를 기술하는 까닭은 대체로 독자에게 '레스토랑의 규모'를 전해주기 위함입니다. 추리소설이라면 '5'라는 숫자 자체가 중요할 수도 있겠지만 대개 수는 실마리에 불과합니다.

'자리가 다섯'이라면 상당히 자그마하고 아담한 레스토랑이겠지요. '자리가 100석' 같으면 패밀리 레스토랑처럼 매장 규모가 거대하고, 단말기로 주문을 받을 만큼 기계화의 수준도 꽤 앞서 나간 커다란 식당의 이미지가 떠오릅니다. 앞이 보이는 사람은 자리의 수를 단서로 공간 규모, 업소 유형, 요리 가격대, 커뮤니케이션 방식 등을 상상합니다.

그렇다고 전맹의 시각장애인이 레스토랑에 갔을 때 가게 규모에 관한 정보를 얻지 못하느냐 하면, 꼭 그렇지는 않을 것입니다. 손님들이 나누는 대화의 톤, 매장에 흐르는 음악이나 소리가 울리는 상태, 또는 뺨에 닿는 공기의 흐름 등을 참고해 순식간에 공간의 '규모'를 파악할 것입니다.

나카세 씨는 이렇게 말합니다. "예를 들어 어떤 레스토랑에 처음 가면 말이죠. 넓어 보이는 레스토랑인지 아담한 레스토랑인지 막연하게 분위기로 알 수 있어요." 단지 그것을 '자리 수'라는 숫자로 표현하지 못할 뿐입니다.

또한 앞이 보이는 사람이 자리 수를 묘사하는 이유는 레스토랑에 들어갔을 때 '앉을 자리의 선택'을 의식한다는 점과 관련이 있겠지요. 보통은 어느 자리가 비어 있는지, 어느 자리가 일행에게 적당한지, 또 어디가 가장 편해 보이는지 등을 먼저 파악하려고 합니다. 결국 앞이 보이는 사람 대다수는 레스토랑에 들어선 순간 '자리'에 의식을 빼앗깁니다.

그렇기 때문에 자리 수를 묘사한 대목이 나오더라도 전혀 의아해하지 않습니다. 이와 대조적으로 앞이 보이지 않는 사람은 대개 스스로 자리를 결정하는 것이 아니라 보호자나 일행, 점원의 안내에 따라 자리에 앉습니다. 처음 간 레스토랑이라면 특히 더 그렇겠지요. 다시 말해 '자리의 상황을 파악해야 한다'는 습관이 없습니다. 이러한 의식의 차이도 묘사의 차이를 초래하는 한 가지 요인으로 볼 수 있습니다.

서로 다른 묘사

이렇듯 앞이 보이지 않는 사람과 앞이 보이는 사람은 경험의 패턴이 다르기 때문에 '자연스럽다'고 느끼는 묘사의 패턴도 다릅니다. 이러한 격차는 '세세하다'로 표현되는 양의 문제도 있겠지만 그 밑바닥에는 경험의 질적 차이가 깔려 있습니다.

실제로 나카세 에리 씨는 앞이 보이는 사람이 묘사한 내용 중에 '빠져 있다'고 느끼는 정보도 있다고 합니다. 나카세 씨 경험의 기억으로 보자면 응당 '있어야 할 당연한' 정보가 나와 있지 않기 때문입니다.

나카세 씨는 이렇게 이야기하더군요. "책에서는 의자 다리가 어떻고 책상 다리가 어떤지는 묘사하지만, 재질이 어떻고 앉았을 때 얼마나 편한지는 별로 쓰여 있지 않아요. 테이블이 사각형인지 원형인지도 그다지 묘사하지 않고요. 특히 촉각이나 냄새 같은 것은 비장애인 작가가 쓴 책에 거의 빠져 있는 것 같아요."

근대 이후 문학이 추구해온 묘사란 기본적으로 '시각적인 묘사'를 의미합니다. 회화 또는 연극과 같이 사람의 행위나 장면을 독자의 눈앞에 생생하게 제시해주는 것이 묘사의 역할로 받아들여졌으니까요. 그렇기에 촉각이나 후각 정보는 상대적으로 '결락'하기 쉽습니다. 물론 '코를 찌르는 냄새가 퍼졌다'와 같이 묘사할 때도 있지만 시각적인 묘사에 비하면 어디까지나 보족일 따름입니다.

그렇지만 나카세 씨의 경우는 다릅니다. 촉각이나 후각 정보에 의해 세계가 구성되니까요. "벤치에 앉으면 엉덩이가 푹 꺼진다든가, 퍽 부드럽다든가, 앉은 느낌이 어떤지를 의식한다고 할까요? 그런 정보가 멋대로 쑥쑥 들어옵니다."

약간 극단적으로 말하면 언어의 정의 자체가 다르다고 해도 무방하겠지요. '의자'라는 말을 들었을 때 앞이 보이는 사람과 앞이 보이지 않는 사람 사이에는 떠올리는 이미지가 다릅니다. '단골 레스토랑의 의자'를 기억할 때 앞이 보이는 사람이라면 의자의 색깔이나 모양, 소재를 떠올리겠지요.

그러나 나카세 씨는 다릅니다. "의자 등이 달그락거린다든지 의자를 당겼을 때 느껴지는 무게를 떠올려요. 그다음은 촉각인데요. 나무라고 해도 표면이 꺼칠해서 찔릴 것 같은지, 오두막의 통나무처럼 울퉁불퉁한지, 니스 칠한 것처럼 반질거리는지…… 이런 것들을 촉각으로 기억하고 있지요."

이렇게 촉각적인 기억에 관한 이야기를 듣고 있으면, '도대체 기억이란 어디에 있는 것일까?' 하는 철학적이고 뇌과학적인 중대한 문제에 부딪칩니다.

시각적인 기억을 떠올릴 때 적어도 우리의 실감은 '머릿속에 떠오르는 것'이지 '눈으로 떠올리는 것'이 아닙니다. 촉각은 온몸으로 퍼지는데, 거기에는 '어디에서 느꼈더라?'(손바닥인지, 등인지, 발바닥인지) 하는 위치 정보도 포함되어 있습니다. 그렇다면 기억에 관해서도 위치 정보가 어떤 형태로 재생되는 것이 아닐까요? 나카세 씨는 말합니다. "의자의 촉감이나 앉았을 때 느끼는 감각이 되살아나는 느낌이에요." 이럴 때는 아마도 기억을 '등으로 떠올리는' 듯한 방식입니다.

분위기인가 추체험인가

묘사 대상은 기억의 대상과 직결됩니다. 나카세 씨가 이 점에 민감한 까닭은 평소에 하는 일과도 관련이 있습니다.

나카세 씨는 기업에서 사내 홍보를 맡고 있습니다. 사원용 사이트에 기사를 쓰거나 번역한 기사를 배포하기도 합니다. 그런데 근무 과정에서 나카세 씨가 보기에는 자연스럽지 못한 방식으로 정보를 제시해야 할 상황이 발생합니다. '앞이 보이는 사람에게 보여주기' 위한 규칙에 따라야 할 필요가 생기는 것입니다.

차이를 두드러지게 드러내는 요소는 '사진'의 배치입니다. "어떤 뉴스를 가능한 한 빨리 전달해야 하는데, 담당 부서가 사진을 금세 보내주지 않을 때가 있어요. 그럴 때 앞이 보이지 않는 제 기준에서는 우선 기사를 먼저 올리고 사진은 나중에 추가하면 될 것 같아요. 하지만 회사는 앞이 보이는 사람 중심이기 때문에, 사진이 없으면 기사를 좀 나중에 올리더라도 사진과 함께 올리는 편이 좋다는 지적을 자주 받곤 해요."

　다양한 정보가 흘러넘치는 현대 인터넷 환경을 고려하면, 한눈에 들어오는 사진의 중요성이 점점 더 높아진다고 할 수 있습니다. 사진이 없으면 주목을 받지 못한다는 이유를 들어 나카세 씨의 회사는 뉴스의 신선함을 희생하면서까지 사진이 오기를 기다리자는 판단을 내립니다. 앞이 보이는 사람의 감각으로 보자면 '충분히 그럴 수 있는' 일입니다.

　여기서 비시각장애인은 시각 정보가 필요하지만 시각장애인은 그렇지 않다는 표면적인 차이가 중요한 것이 아닙니다. 나카세 씨가 마음을 쓰는 점은 오히려 '앎'의 구조에 내재한 차이입니다. 자신이 직접 경험하지 않은 것을 알려고 할 때 앞이 보이는 사람과 앞이 보이지 않는 사람은 각각 요구하는 바가 다릅니다. 무엇을 통해 '알았다'고 여길 수 있을까요? 이 문제는 기억의 전파 패턴과 직접 연관됩니다.

　이 물음에 관해 나카세 씨는 '분위기의 공유'와 '사건의 추체험'이라는 차이가 아니겠느냐고 언급했습니다. 다시 말해 앞이 보이는 사람의 경우는 분위기를 이해함으로써 사건을 '알았다'고 여기는 경향이 있지 않느냐는 뜻입니다. "뭐, '백문이 불여일견'까지는 아니더라도 상황을 한눈에 보고 '이런 분위기였구나' 하는 것을 사진을 통해 이해하고 싶다는 욕구가 있잖아요. 그래서 SNS에도 사진을 올리면 '좋아요'를 많이 눌러주는 것이라고 생각해요."

반면, 앞이 보이지 않는 사람이라면 시간 순서를 따라 사건의 흐름을 읽고 싶다고 말합니다. "시각장애인의 경우는 기사를 읽을 때 프로그램을 추체험하는 것 같은 감각을 원하지 않을까 생각해요. '아, 이런 일이 있었고, 이런 일이 있었고, 이런 일이 있었구나……' 하는 것을 이해하는 데 가치를 둔다고 할까요. 앞이 보이는 사람에게도 그런 면이 있겠지만, 시각장애인과 같은 식은 아니겠죠."

요약해서 말하자면 앞이 보이는 사람은 한순간에 전체를 파악하기를 원하고, 글을 읽더라도 '전체를 한숨에 읽고 싶다'는 쪽에 속합니다. 그만큼 세부 사항의 정확도는 나중으로 돌리기 쉽습니다. 한편, 앞이 보이지 않는 사람은 하나하나 세부를 먼저 짚어냄으로써 내용을 파악하고 싶은 쪽입니다. 시간은 걸리지만 그만큼 정확하게 알아가는 방식이지요.

등 뒤에서 느끼는 기척

독서는 때로 글을 쓴 사람과 읽는 사람의 몸이 다르다는 것을 명료하게 드러내주는 기회가 됩니다. 그 둘의 차이는 소소한 이질감을 자아내지요. 나카세 씨는 이런 이질감이 '나와는 맞지 않아' 하는 혐오로 이어지기보다는 앞이 보이는 사람의 세계와 자신이 속한 세계의 차이를 발견하고 탐구하는 기회로 이어진다고 합니다.

한편, 독서는 글쓴이의 체험과 읽는 이의 몸이 '서로 섞여드는' 계기이기도 합니다. 자신과 다른 몸에 대해 알아가는 경험이 독자에게 쌓인 결과, 다른 몸이 '설치install'되는 일이 벌어집니다.

기노시타 도모타케木下知威 씨는 선천적으로 소리를 듣지 못합니다. 그러나 귀가 들리는 사람과 함께 자라나고 생활해왔을 뿐더러 특히 숱한 책을 섭렵함으로써 청인의 문화에 정통합니다. 기노시타 씨와 필담을 나누다보면 '어라, 이 사람은 청각장애인이 아닌 것 같은데?' 하는 생각이 드는 때가 있습니다.

예를 들어 기노시타 씨는 '등 뒤에서 무언가 다가오는 기척'을 느낀 적이 있다고 합니다. '기척'이란 통상 발소리나 옷깃이 스치는 소리를 통해 알아채기 마련입니다. 아니면 등 뒤에 사람이 조용히 서 있을 때처럼 직접 소리가 나지 않더라도 주변환경의 미약한 잡음이 평소와는 좀 다르게 들림으로써 별다른 낌새가 느껴집니다. 어느 쪽이든 기척은 소리를 통해야만 느낄수 있기 때문에 기노시타 씨와는 별 관계가 없을 것입니다.

그런데 기노시타 씨는 그렇지 않다고 말합니다. "내가 무서워하는 게 이것저것 있는데요. 개중에 뒤쪽에서 느껴지는 기척이 있어요. 이런 느낌을 받는 것이 다른 사람과 내가 어떻게 다른지 모르겠어요. 등 뒤에서 기척을 느끼려면 어렴풋한 소리든 발소리든 뭔가 '징후'가 있어야 하는데, 내게는 그런 소리가 들리지 않잖아요. 하지만 왠지 모르게 뭔가 무서운 생각이 들어서 뒤를 돌아보고 '휴, 아무것도 아니었네' 할 때가 한두 번이 아니랍니다."

한마디로 기노시타 씨는 귀가 들리지 않는데도 마치 귀가 들리는 사람처럼 등 뒤에서 기척을 느낀다고 말합니다. '괜히 이상해서 뒤를 돌아보는' 반사적인 동작까지 다르지 않습니다. 뒤를 돌아보는 행동은 귀가 들리는 사람이 공포를 느낄 때 취하는 아주 자연스러운 반응입니다. 뭔가 소리가 들렸고, 왜 그런 소리가 났는지 궁금하고, 그래서 내 눈으로 확인해보고 싶으니까 뒤를 돌아보는 것입니다. 소리의 근원지를 모른다는 것 자체가 공포의 원인이기 때문이지요.

추리소설과 보청기

기노시타 씨는 추리소설이나 공포영화를 즐겨 보는 경험을 통해 그러한 감각을 지니기에 이르렀다고 추측합니다. "이를테면 에드거 앨런 포의 『모르그 가의 살인』이나 아서 코난 도일의 『얼룩무늬 끈』 같은 추리소설을 읽으면, 소리가 범죄로 이어지는 장면이 나와요. 그런 대목을 읽을 때 가슴을 두근두근 졸이면서 읽은 기억이 있는데 그때 왠지 등 뒤가 서늘하더라고요. 나한테도 소리를 낸 사람이 누구인지 보이지 않는다는 두려움은 있는 것이 아닐까요?"

다시 말해 기노시타 씨는 독자로서의 경험을 통해 '귀가 들리는 사람이 등 뒤에서 나는 소리를 무섭다고 느끼는 상황'의 패턴을 알아버렸고, 그 결과 실제로 그런 상황에 놓였을 때 본인도 무섭다고 느끼기 시작했습니다. 소설 속 등장인물의 감각, 나아가 그들의 배후에 있는 저자의 감각이 청각장애인이라는 생리적 조건을 뛰어넘어 기노시타 씨에게 현실 세계의 경험을 만드는 패턴이 된 것입니다.

기노시타 씨가 책을 읽는 방식은 '감정이입'이 아니라 '신체이입'이라고 불러야 할 것 같습니다. 등장인물이 놓인 상황을 이해할 때 단지 감정의 차원에서 모방하는 것이 아니라 감정을 낳은 감각의 차원에서 모방하려고 하니까요.

소설과 영화는 시간적인 예술이기 때문에 시간의 흐름 속에서 등장인물의 신체감각을 뒤따라가는 일이 일어나기 마련입니다. 등장인물의 일인칭 시점에 자신을 동일시하는 가운데 귀가 들리는 사람의 경험 패턴이 설치됩니다. 그것은 단지 '귀가 들리는 사람은 이런 식으로 느끼는구나' 하는 지식의 차원이 아닙니다. 기노시타 씨는 진정으로 자신의 몸으로 그 상황을 느끼고 있습니다.

다만 이러한 '설치'가 전혀 연고가 없는 곳에서 이루어지는 것은 아닌 듯합니다. 기노시타 씨 내부에 이와 관련된 경험이 있었다는 말입니다. 바로 어릴 적 보청기를 끼었을 때 겪었던 경험입니다.

기노시타 씨는 어릴 적에 보청기를 끼고 지냈습니다. 보청기를 끼면 어떤 소리인지는 알 수 없어도 여하튼 소리가 들어옵니다. 그러면 길을 걸을 때 뒤에서 오토바이나 자동차가 지나갈 때 어떤 리듬을 지닌 소리가 들려오고, '아, 뭔가 오는구나' 하고 뒤를 돌아본 적이 있다고 합니다. 뒤를 돌아볼 때는 이미 오토바이나 자동차가 바로 곁에까지 다가와 있습니다. "부우웅 하고 바로 옆으로 차가 다가오는 것이 보였지요. 그것은 언제나 등골이 서늘한 경험이었어요."

추리소설을 읽을 때, 또는 공포영화를 볼 때 느껴지는 '기척'은 이러한 경험과 관계가 있을지도 모른다고 기노시타 씨는 말합니다. "문학이나 영화에 나오는 공포의 소리 자체는 알 수 없어요. 하지만 등 뒤에서 엄청난 속도로 달려오는 오토바이나 자동차의 소리를 상상해보면, 모습이 보이지 않는 정체불명의 소리가 안겨주는 무서움과 어느 정도 연결된다고 봅니다."

기노시타 씨의 상태를 감안할 때, 보청기의 성능에 한계가 있었기 때문에 보청기를 끼워도 소리를 명확하게 알아듣기는 어려웠다고 합니다. 그래서 등 뒤에서 나는 소리는 특히 '정체를 알 수 없는 것'이 되기 쉬웠습니다. 한마디로 귀가 들리는 사람이 소리의 근원이 어디인지 모를 때와 사정은 다를지언정, 기노시타 씨도 소리의 근원이 어디인지 모르는 상태를 느꼈습니다. 그런 경험이 추리소설이나 공포영화에 나오는 무서운 기척을 이해하는 열쇠가 되었다고 볼 수 있습니다.

그런 의미에서 문학이나 영화를 통해 귀가 들리는 사람의 경험 패턴이 순수하게 설치되었다고 한다면 어폐가 있을지도 모릅니다. 오히려 유사하지만 실제로는 관계가 없는 두 가지 경험이 소설이나 영화를 통해 서로 섞이고, 그 결과 기노시타 씨가 '등 뒤에서 느껴지는 기척의 두려움'을 느끼기에 이르렀다고 보는 편이 정확할 것 같습니다. 여하튼 기노시타 씨가 독보적인 독서가가 아니었다면 일어날 수 없는 일입니다.

후천적인 귀

이러한 사례를 살펴보다 보면 감각기관이란 과연 선천적으로 타고나는 것, 생리적인 것이기만 할까 하는 의문이 듭니다. 다르게 말하면 생리적인 의미의 기관이 없더라도 소설이나 영화 등을 통해 문화적으로 구축되는 기관이 있지 않을까 하는 생각이 듭니다. 기노시타 씨는 마치 '귀'를 후천적으로 획득한 것 같으니까요.

기노시타 씨가 어떤 그림을 봤을 때의 경험을 말해주었을 때 그런 생각이 스쳤습니다. 앞에서 추리소설이나 공포영화를 통해 등 뒤의 기척을 느낀다고 했을 때에도 '소리 자체를 느끼는 것'은 아니었습니다. 도리어 '소리의 근원이 어디인지 모르는 상태에 공포를 느끼고 뒤를 돌아보는' 경험 패턴이 더 중요했습니다. 그러나 어떤 그림을 봤을 때는 실제로 '귓속에서 진동을 느꼈다'고 말합니다.

기노시타 씨가 본 회화 작품은 17세기 네덜란드의 화가 빌럼 판 더 펠더Willem van de Velde가 그린 〈포격〉이었습니다. 전함은 포격을 당해 타오르고, 사람들은 벌써 보트로 도망가는 모습을 그린 작품입니다. 이 그림을 봤을 때 기노시타 씨는 "귓속에서 어렴풋이 진동이 일어나는 것이 몸 안에서 느껴졌다"고 합니다. "내 귀, 정확하게 말하면 고막 근처에 울림이 남았어요. 청인처럼 표현하자면 굉음 때문에 귀가 먹먹해진 느낌과 비슷할지도 모르겠어요."

그렇습니다. 대포를 쏘아대는 상황을 시각적으로 보는 일이 기노시타 씨의 귓속에서 먹먹한 감각을 일으켰습니다. 후천적으로 획득한 '귀'가 거의 생리적인 귀처럼 '살아나기' 시작한 것입니다.

이때 '진동'의 존재가 중요합니다. 나카세 씨의 '시각'과는 달리 기노시타 씨의 '청각'은 소리 감각과 인접한 '진동'이라는 자극을 동반합니다. 귀가 들리지 않는 사람도 진동은 느낄 수 있지요. 그러면 '진동 이전에 소리라는 영역이 있었겠구나' 하는 추측이 가능해집니다.

기노시타 씨는 이렇게 이야기합니다. "현재는 내가 무언가를 지각할 때 주로 진동과 시각을 사용해요. 커피 잔을 이렇게 내려놓으면 컵 받침과 컵이 부딪쳐 달칵하고 진동이 일어납니다. 소리가 아니에요. 손에 느껴지는 진동이 소리를 대신해요."

컵 받침과 컵이 부딪칠 때의 감각을 '진동'이라고 부르는 대목이 재미있습니다. 아마도 '소리'와 결부되니까 '촉각'이 아니라 '진동'이라고 했겠지요. 기노시타 씨는 말을 이어갔습니다. "이질적인 것끼리 서로 닿을 때 희미한 진동이 발생하는 것 같아요."

실제로 기노시타 씨의 '접촉' 기억은 무척 민감합니다. "누군가 내 어깨를 두드리며 날 부를 때, 두드리는 세기나 독특한 방식, 리듬을 기억합니다. 두드리는 감촉만으로도 '○○ 씨가 아닐까?' 하고 예측할 수 있는 수준이지요. 게다가 미용실에서 미용사가 머리를 만지는 손의 감각도 기억합니다. 누군가 볼펜으로 어깨를 콕콕 찌를 때나 갑자기 때리듯 툭툭 건드릴 때 느껴지는 불쾌한 감촉과 리듬을 잊어버릴 수 없어요."

기노시타 씨가 〈포격〉이라는 그림을 봤을 때 고막의 진동을 느낀 것도 필시 진동을 민감하게 느끼는 감각과 그림이 접속했기 때문이라고 여겨집니다. 구체적으로 말하면, 불꽃놀이를 쏘아 올리는 것을 볼 때 온몸에 느껴지는 진동, 또는 가방처럼 몸에 걸친 소지품이나 유리창을 통해 느끼는 진동이 포격의 이미지와 직결된다고 여겨집니다.

갓난아기 같은 소리

달리 말하면 기노시타 씨는 독서를 통해 '듣기'를 둘러싼 지식을 얻었고, 그 지식이 보청기를 끼우고 들었던 잡음 섞인 소리나 진동에 대한 구체적인 경험을 보완함으로써 '후천적인 귀'를 얻는 신기한 현상을 낳았다고 할 수 있습니다. 이것이 문화적으로 구축된 후천적인 귀입니다. 기노시타 씨는 후천적인 귀를 통해 소리를 '듣고' 있습니다.

물론 기노시타 씨가 '듣는' 소리와 생리적으로 귀가 들리는 사람이 듣는 소리가 똑같지는 않습니다. 기노시타 씨도 그 점을 자각하고 있는데, 둘의 차이를 설명하는 표현이 재미있습니다. 기노시타 씨에게는 소리가 '갓난아기'라고 합니다.

왜 '갓난아기'일까요? 소리를 진동으로 느낀다는 것은 소리를 촉각으로 느낀다는 의미입니다. 한마디로 몸 자체의 흔들림으로 소리를 느낀다는 말이지요.

불꽃놀이를 예로 들어볼까요. '펑펑' 하는 소리는 듣는 사람에게 '불꽃놀이 소리', 즉 대상에 속한 소리로 느껴지는 정보입니다. 그런데 자기 배에 쿵쿵 전해지는 충격은 불꽃놀이 때문이라는 사실을 안다고 해도 어디까지나 '내 배의 흔들림'으로 느껴집니다. 진동의 지각과 내 몸은 분리할 수 없습니다.

기노시타 씨는 이렇게 말합니다. "엄마 손을 놓지 않으려는 갓난아기처럼, 소리는 한시도 떨어지는 일 없이 언제나 내 몸에 딱 달라붙어 있습니다. 그렇기 때문에 나는 공기 속에서 소리가 약동하다가 희미하게 사라지는 것을 추후에 인지할 수 없습니다." 참으로 흥미로운 표현입니다. '들리지 않는다'는 의미에서 소리는 기노시타 씨에게 '소원한 존재'겠지요. 그렇지만 진동이라는 특성에 의해 기노시타 씨는 오히려 소리와 '일체'를 이루고 있습니다. 멀기 때문에 가깝다고 할까요. 정말 양면성을 지닌 관계입니다.

귀가 들리지 않는 기노시타 씨가 목소리를 낼 때 이 관계가 특히 두드러집니다. 목소리를 낸다는 것은 두말할 필요 없이 어떤 소리를 상대에게 전달한다는 것입니다. 한편, 기노시타 씨에게 자신이 내는 목소리는 목구멍의 진동이나 진배없습니다. 자신의 목소리를 상상으로 '듣기' 위해서는 갓난아기를, 즉 진동을 자신에게서 떼어내려는 노력이 필요하다고 말합니다. 기노시타 씨가 쓴 글에서 인용해보겠습니다.

"총괄적으로 말하자면, 청각장애인의 신체는 스스로 발성은 하더라도 그것을 자신의 신체에서 떼어낼 수 없다. 그래서 나는 무언가와 마주했을 때 그 세계로 들어가기 위해 내 몸에서 목소리를 벗겨내는 행위를 자신에게 요구한다. 한평생 자신의 귀로 소리를 들은 적이 없는 몸의 입장에서 보자면 귀로 듣는 일은 꿈이나 상상의 세계에서밖에 일어나지 않는다. 자기 곁에 바싹 붙으려고 하는 목소리를 벗겨내지 않으면 귀로 듣는 일을 상상할 수 없기 때문이다."*

감각은 순수하게 생리적인 것이 아닙니다. 글자를 포함해 인류가 탄생시킨 기술은 인간의 생리적인 능력을 확장하기 위한 것이라고들 말합니다. 책을 읽으면 자신이 경험한 적 없는 일을 간접경험할 수 있고, 책으로 얻은 지식은 그 사람이 느끼는 방식이나 세계를 인식하는 방식을 변화시킵니다. 장애와 독서라는 주제에 대해서 흔히 '정보의 균등한 보장'처럼 복지의 관점에 방점을 찍기 쉽지만, 독서를 '상이한 몸과 만나는 일'로 파악해보면 적잖이 새로운 발견을 가져다줍니다.

들리지 않기 때문에 들린다

마지막으로 한마디 더 덧붙인다면, 본질적으로 생리적인 능력이란 애매모호하다는 것입니다. '소리가 들린다'는 것은 어떤 것일까요? 어디부터 어디까지 '들리는' 상태이고 어디부터가 '들리지 않는' 상태라고 선을 긋는 일은 그다지 현실적이지 못하다고 생각합니다.

예를 들어 〈포격〉이 상정해놓은 장면은 소리의 크기가 아주

---

* 「목소리를 벗기다(声を剥がす)」,『공감각의 지평(共感覚の地平)』에 게재, 2012, pp.61~72. https://researchmap.jp/mutejxh5p-17185/?action=-multidatabase_action_main_filedownload&download_flag=1&upload_id=27231&metadata_id=9940[PDF]

어마어마하기 때문에 생리적으로 귀가 들리는 사람도 신체에 촉각에 가까운 충격이 느껴질 정도입니다. 반대로 추리소설에 나오는 '등 뒤의 기척'은 '무슨 소리가 난 것 같은' 장면 또는 '들릴 리가 없는 소리가 들리는' 장면에 나옵니다. 이때 소리는 아주 작거나 불확실합니다.

눈앞에 있는 사람이 이야기하는 것이 들리는 상황에서의 '들리다'는 비교적 명확합니다. 그렇지만 그림 〈포격〉이나 '등 뒤의 기척'과 관련된 '들리다'는 청각이 다른 감각에 걸쳐 있거나 자기 혼자 들었다고 착각하는 일과 구별하기 어려운 경우입니다. 말하자면 '듣다'의 주변 영역이지요. 기노시타 씨의 문화적인 귀는 바로 이러한 '듣다'의 주변 영역에서 '듣고' 있는 셈입니다.

미디어 아티스트 오치아이 요이치落合陽一와 일본 필하모니 교향악단이 손잡은 프로젝트 가운데 〈귀로 듣지 않는 음악회〉라는 것이 있습니다. 진동과 빛으로 소리를 느끼는 장치를 사용해 귀가 들리지 않는 사람도 함께 즐길 수 있는 콘서트를 열어보자는 기획이었습니다.

이 음악회에서는 존 케이지John Cage의 〈4분 33초〉를 연주했습니다. 1952년 데이비드 튜더David Tudor가 우드스톡에서 초연한 〈4분 33초〉는 악보에 '휴지TACET'라는 지시밖에 없기 때문에 악기 소리가 나지 않습니다. 그래서 연주회장을 가득 채우는 기침 소리나 팸플릿을 넘기는 소리 등으로 의식이 향합니다.

〈4분 33초〉는 실로 '듣다'의 정의가 무엇인지 묻는 작품이라고 할 수 있습니다. '들리지 않기' 때문에 '들린다'는 것……. 연주회가 끝나고 정담을 나눌 때 청각장애가 있는 여자아이가 "지금 들은 음악은 복잡하네요" 하는 말을 듣고, 오치아이 요이치는 "맙소사, 저 아이가 존 케이지의 의도를 딱 꿰뚫었군!" 하는 생각이 들었다고 이야기합니다.*

기노시타 씨가 '갓난아기'라는 말로 표현했듯 '듣다'는 다른 감각에 비해서도 '대상을 지각하는 일'과 '자신을 지각하는 일'을 구별하지 못하는 감각입니다. 존 케이지가 〈4분 33초〉를 구상한 것도 무향실**에 들어갔을 때 자신의 신경이 작동하는 소리와 심장의 소리가 들린 것이 계기라고 합니다. 객관과 주관의 구별이 희미해지기 때문에 소리가 들리는 몸과 소리가 들리지 않는 몸이 서로 섞일 여지가 생겨날 수 있는 것입니다.

* https://www.asahi.com/and_M/20180808/155071/
** 소리가 울리지 않도록 한 방. 벽·바닥·천장에 음파를 흡수하는 장치나 구조를 설치해 음향을 측정할 때 쓴다. — 역주

에피소드   6

장애와 테크놀로지

보이지 않지만 존재하는 손

구라사와 나쓰코倉澤奈津子 씨는 2011년에 골육종이라는 병으로 어깨를 포함한 오른팔을 전부 절제했습니다. 골육종이란 뼈에 생기는 암입니다. 10대부터 20대에 걸친 젊은이들에게 발병하는 경우가 많은데 구라사와 씨는 40대 중반에 이 병을 얻었습니다. 발병하고 나서 팔을 절제했을 때는 앞으로 5년 남았다는 시한부 선고를 받았는데, 5년을 무사히 넘기고 7년이 경과했습니다. "최근 1년은 덤인 것 같아요" 하고 구라사와 씨는 말합니다.

수술 후 7년 동안은 기본적으로 의수 없이 어깨 패드만 부착하고 생활했습니다. 7년이 지났다는 것은 어린이로 치면 초등학교에 입학하는 나이쯤 되었다는 말입니다. "남들이 보는 곳에서 식사를 할 때 예전에는 손이 없어서 먹기 불편했어요. 하지만 7년이나 지나고 보니 그럭저럭 요령을 터득해서 초등학생 1학년처럼 '나, 잘 먹을 수 있어요' 하는 수준이 되었어요. 원래는 오른손잡이였는데 지금은 왼손으로 먹어요."

이렇게 구라사와 씨는 왼손으로만 생활해야 한다는 장애물 하나를 훌쩍 뛰어넘었습니다. 인터뷰가 성사된 시점에는 마침 그 단계에서 다른 단계로 도약하려고 하려던 참이었습니다.

다음 단계란 바로 의수 제작입니다. 의수를 만든다는 것은 말할 필요도 없이 오른팔의 대체물을 획득한다는 뜻입니다. 오른팔을 달면 왼쪽으로 기울어지기 쉬운 몸의 중심이 올바른 위치로 돌아갈 수도 있고, 옷을 입을 때도 좀 더 맵시 있게 입을 수 있는 등 갖가지 장점이 있을 듯합니다.

그러나 동시에 구라사와 씨는 잃어버리는 것도 있을지 모른다고 합니다. 이 말이 대체 무슨 의미일까요? 현재 자신의 몸에 대해 구라사와 씨는 이렇게 단언합니다. "보이지는 않지만 내 안에 오른손이 있거든요." 보이지는 않지만 존재하는 손! 그렇습니다. 바로 환지입니다.

의수는 환지에 커다란 영향을 줄 가능성이 있습니다. 환지가 작아질지도 모르고, 아니면 아예 없어질지도 모릅니다. 그것은 기본적으로 좋은 일입니다. 왜냐하면 환지는 헛통증이라고 일컫는 심각한 만성 통증을 동반하기 때문입니다. 환지가 없어진다는 것은 헛통증에서 벗어난다는 뜻이기도 합니다.

구라사와 씨도 물론 그런 효과를 노리고 의수 제작을 계획

하고 있습니다. 하지만 한편으로는 개운치 못한 기분도 듭니다. "손의 기억을 잃어버리는 것 같아 쓸쓸해요."

내 안에는 오른손이 있다……. 환지는 이른바 존재하던 팔의 기억이 만들어냈다고 할 수 있습니다. 선천적으로 결손이 있는 사람이라면 기본적으로 환지가 없다는 사실이 이를 증명해줍니다. 때문에 의수의 사용으로 환지를 잃어버린다면, 그것은 '팔의 상실'을 의미합니다. 헛통증의 고통이 줄어든다는 측면에서는 당연히 기뻐할 일일지도 모릅니다. 그렇지만 그것은 헛통증이라는 아픔이 팔이 없는 슬픔으로 바뀌는 일일지도 모릅니다. 이런 상태를 가리켜 구라사와 씨는 '쓸쓸하다'고 한 것입니다.

몸속에 들어온 환지

구라사와 씨가 지금 함께 생활하고 있는 '오른팔'이란 도대체 어떤 것일까요?

에피소드 3에서 이미 서술했듯, 환지란 절단해서 사라진 팔이나 다리를 여전히 있다고 느끼는 일입니다. 그렇지만 환지를 통해 느끼는 존재가 원래의 팔다리와 똑같은 형태나 똑같은 기능을 갖고 있는 것은 아닙니다. 사람에 따라서는 원래 있던 팔보다 환지가 짧기도 하고(이러면 상당히 기분이 나쁘다고 합니다),

움직일 수는 있지만 손가락 개수가 적기도 합니다. 환지의 상태는 사람에 따라 제각각 다양합니다.

구라사와 씨는 오른쪽 어깨 아래를 절단했기 때문에 그것에 대응하는 부위로서 어깨 아래 전체에 해당하는 환지가 있습니다. 어느 정도 움직일 수도 있지요. 견갑골도 없고 쇄골도 절반이나 절제했지만 근육이 남아 있기 때문에 어깨의 환지를 으쓱거리려고 하면 실제로 어깨가 올라가는 감각도 느껴진다고 합니다. 팔꿈치를 뒤로 잡아당길 수도 있는데, 그러면 견갑골이 당기는 느낌이 있습니다. 다만 팔꿈치를 앞으로 당기거나 위로 올릴 수는 없다고 합니다.

이렇게 일정 가능성을 가진 구라사와 씨의 환지 중에 명백하게 움직임에 제한을 받는 부위가 있다고 합니다. 그것은 '손'입니다. 팔에 달려 있는 손, 그러니까 우리가 장갑을 끼는 부분 말입니다. 구라사와 씨 손의 환지는 손가락뿐 아니라 손의 위치 자체를 자유롭게 움직일 수 없습니다. 손을 움직일 수 없는 이유는 손이 '몸통 안에 들어가 있기' 때문입니다. 마치 손이 주머니에 들어가서 옴짝달싹할 수 없는 상태에 가깝다고 할까요. "손 부분이 몸에서 빠져나오지 않아요."

맨 처음 이 이야기를 들었을 때 나는 적잖이 놀랐습니다. 왜냐하면 일반적으로 환지는 원래 있던 팔다리의 기억과 관계를 맺고 있다고 생각했기 때문입니다. 그러나 구라사와 씨의 환지는 예전에 있던 원래의 팔과는 분명히 다릅니다. 당연한 말이지만 손을 물리적으로 몸통 속에 넣는 일은 불가능합니다. 한마디로 구라사와 씨의 환지는 원래 있던 팔의 기억과 다를 뿐아니라 경험하지 않은 감각까지 포함하고 있습니다.

그런데도 구라사와 씨가 환지의 위치를 망설임 없이 대답할수 있다는 점이 흥미를 끕니다. 마치 가방 속에 넣어둔 열쇠를 찾듯 자기 몸을 탐색해서 명확하게 대답할 수 있습니다. "파묻혀 있는 것일까요? 내 몸의 느낌으로 보면……. 아, 역시 파묻혀 있어요."

게다가 구라사와 씨가 느끼는 손의 위치는 그날그날 미묘하게 다르다고 합니다. 자신의 의지로 움직일 수 없기 때문에 매일 어디에 가 있는지 찾아보게 된다고 하네요. "아침마다 눈을 뜨면 손의 위치를 확인하는데, 내 손이 어디에 있는지 찾는 일이 즐거워요. '어머, 오늘은 여기에 있네' 하고 확인한답니다."

덧붙여 환지가 물리적인 한계를 뛰어넘는 일도 드물지 않은 것 같습니다. 환지가 자유롭게 움직이는 사람도 있다고 합니다. "엎드려서 자고 있으면 환지가 방바닥을 뚫고 나가 방바닥 밑을 더듬고 있어요." 이런 식으로 말이지요.

시시각각 변하는 헛통증

환지는 대체로 '환지통', 즉 헛통증을 동반합니다. 헛통증은 날마다 상태가 변합니다. 대부분 당사자들은 '비가 오거나 태풍이 불면 아프다'고 합니다. 저기압일 때 아프다는 점에서는 편두통과 비슷할지도 모릅니다. 또한 헛통증은 매일 변할 뿐 아니라 하루 중에도 시시각각 변화합니다. 나는 예전에 구라사와 씨의 도움을 받아 환지통의 변화를 기록해본 적이 있습니다.

물론 변화를 기록한다고 해도 일목요연하게 기록하지는 못합니다. 통증은 금세 지워지기 때문에 나중에 돌이켜 떠올리는 일이 어렵습니다. 더구나 환지는 실체가 없기 때문에 수치로 파악하기란 불가능하지요. 아울러 주저앉을 만큼 심한 통증을 느끼고 있는 사람에게 통증에 대해 자세하게 말해달라고 부탁한다는 것은 지나친 부담일 것입니다.

그래서 구라사와 씨와 의논한 끝에 SNS 메신저의 이모티콘을 활용해 조사하기로 했습니다. 사전에 헛통증의 양상에 관한 이야기를 통해 '꼭 조이는 느낌'이라든가 '부러지는 느낌' 등 자주 느끼는 통증의 패턴을 파악해두고, 그것에 대응하는 이모티콘을 정해두었습니다. 구라사와 씨는 통증이 느껴지자마자 해당 통증에 대응하는 이모티콘을 보내주었습니다. 그다음 그 기록을 바탕으로 매일 전화 인터뷰를 진행했습니다. 이런 식으로 구라사와 씨의 협력을 얻어 일주일 동안 통증의 변화를 기록했습니다.*

우선 가장 놀라운 점은 통증의 정도나 종류가 매우 폭넓다는 것입니다. 몸 상태가 좋을 때는 '쑤욱' 하고 팔이 달려 있는 느낌이 들 뿐 아프지는 않습니다. 이것이 통증 직전의 상태입니다. 서류 작성 등 작업에 몰두하고 있으면 통증이 사그라들 때도 있다고 합니다.

한편, 팔 안으로 무언가 강하게 튕기는 듯 통증이 훑고 지나갈 때도 있습니다. "엄지손가락이 붙어 있는 부분이 폭발하는 느낌입니다. 머리가 아파서 누워 있었는데 뭔가에 찔리고 있다기보다 안에서 통통 튀는 느낌이더라고요. 으악 하고 놀랄 만큼, 몸이 오싹 움찔거릴 만큼 커다란 것이 한번 지나가더니, 그다음 여운처럼 둥둥 하고 조그만 것이 지나가는 것 같았습니다." 통통 튀는 순간에 "아, 엄지손가락이 어딘가 날아 가버릴지도 모르겠네" 하는 생각이 든다는군요.

환지의 감각도 여러 가지로 변화합니다. '팔 안쪽에서 흐물흐물해지는 느낌'일 때도 있고, 미국 만화의 영웅 '헐크'처럼 팔이 커져서 부풀고 딱딱해질 때도 있습니다. "헐크처럼 팔이 부어오르면 안쪽이 딱딱해지는 것 같아요. 뭔가 고정되어 몸에서 자라나는 느낌이에요." 다만 딱딱해도 무게를 느끼지는 않

* 구라사와 씨의 환지통 일지는 여기에 공개해놓았습니다.
  https://phantom.asaito.com/2018/08/06/

기 때문에 철이라기보다는 '나무나 플라스틱에 가까운 느낌'이라고 합니다.

부위에 따라서 어떤 날에는 존재하지 않는 경우도 있습니다. 겨드랑이 아래쪽은 있는 날과 없는 날이 나뉜다고 합니다. 겨드랑이 아래가 있다면 팔꿈치가 붙어 있을 것 같지만 꼭 그렇지는 않습니다. 겨드랑이 아래부터 팔 앞부분까지 하나가 되어버려 팔꿈치가 없을 때도 있다고 합니다.

헛통증에 대해 이야기할 때 구라사와 씨가 구사하는 표현이 흥미롭습니다. 통상 복통의 전조를 느낄 때 '배가 아플 것 같다'고 말합니다. 그렇지만 구라사와 씨가 헛통증에 대해 이야기할 때는 좀 다릅니다. '부어오르려고 하는 느낌', '부풀어 오르고 싶어 하는 듯한 느낌'이라고 하지요. 한마디로 환지의 독립적인 의지를 마치 인정하는 듯 독특한 의인법이 튀어나오는 것입니다.

이 밖에도 통증이 사라진 상태에서 불현듯 통증이 부활할 것 같을 때, 구라사와 씨는 "잊고 있었지? 네가 오늘 제대로 기억하지 못한 딱 그만큼, 이제부터 통증이 올 거야" 하고 환지가 자기주장이라도 하듯이 통증을 예감한다고 합니다. 마치 자기 안에 타인이 있는 것처럼 환지의 목소리를 듣는 것입니다. 이런 표현도 구라사와 씨가 환지에 대해 느끼는 거리감을 잘 나타내줍니다.

팔의 마지막 기억

애당초 구라사와 씨의 환지는 왜 몸통 속에 들어가 있는 것일까요? 인간의 신체 구조로서는 도저히 있을 수 없는 상황입니다. 구라사와 씨의 오른팔이 일찍이 몸통 속에 들어가 있었던 것은 아닙니다. 말하자면 그것은 기억과는 관계가 없다고 볼 수 있습니다.

그런데 구라사와 씨는 꼭 그렇지도 않은 것 같다고 말합니다. 오히려 수술 전 한 달의 기억이 짙게 영향을 미치고 있는 것 같다고 말입니다.

실은 구라사와 씨는 입원하는 동안 육종이 생긴 오른팔을 삼각붕대로 줄곧 고정해놓았습니다. 구라사와 씨의 오른팔 뼈에 생긴 암은 상당히 비대해서 뼈를 뚫고 암이 비어져 나온 상태였습니다. 만약 암이 터져서 뼈가 부러진다면 주위로 암이 흩어져버릴지도 모릅니다. 따라서 세심한 주의를 기울여 오른팔을 보호하기 위해 삼각붕대로 고정해둔 것입니다.

삼각붕대로 고정한 오른팔의 위치는 확실히 구라사와 씨가 말하는 환지의 위치와 일치합니다. 손의 위치도 딱 몸통 위에 붙어 있는 형국이고요.

삼각붕대로 고정했던 오른팔은 몸통 위에 있었지 몸통 속에 있었던 것이 아니지 않느냐고 되묻고 싶지만, 아마도 '고정해서 움직일 수 없는' 상태가 영향을 미쳤으리라고 짐작해봅니다. 한 달이라는 오랜 기간에 걸쳐 팔을 되도록 움직이지 않도록 신경 쓰며 생활했다는 사실이 '몸속', 다시 말해 몸통과 일체를 이루는 이미지로 굳어졌다고 추측할 수 있습니다.

물론 정확한 사실을 확인할 도리는 없습니다. 그러나 만약 이러한 추측이 옳다면 구라사와 씨의 환지는 절단하기 이전의 오른팔에 관한 '마지막 기억'을 형상화했다고 할 수 있습니다. 마지막 기억이라는 말을 말로 해버리면 어쩔 수 없이 단편적으로 느껴집니다만 마지막 기억이란 단순히 생리적인 것도 아니고 '신체 이미지' 같은 표현으로 단정지어버릴 수 있는 성질의 것도 아닙니다.

특히 구라사와 씨는 실제로 오른팔 절제를 결심하기까지 망설이는 시기가 있었습니다. 처음에는 팔을 절제하지 않는 선택지를 생각했지요. "어깨 아래의 팔이 전부 없어진다는 것이 어떤 상태인지 상상조차 할 수 없었기 때문입니다." 항암제 치료를 받았지만 암은 작아지지 않았습니다. '절단하지 않으면 2년밖에 못 산다'는 선고를 받았을 때는 '뭐, 2년으로 인생이 끝나도 상관없어' 하고 생각했다고 합니다.

그러다가 병원에서 같은 병을 앓는 사람과 만나 고민을 거듭한 끝에 오른팔 절제를 결심하고 수술을 받았습니다. 그러나 절제 수술을 받은 다음에도 자기 몸에 일어난 사태를 이해하고 납득하기까지는 무척 긴 시간이 걸렸다고 합니다. '과연 잘한 일일까?' 더구나 통증도 있었으니 절단 이후에도 번민을 지울 수 없었습니다.

외출할 때마다 전혀 대처할 수 없는 상황을 마주하는 바람에 결국에는 집에 틀어박혀 침대 위에서 드라마만 보는 나날이 이어졌습니다. "아이에게 잘 다녀오라고 말한 자리와 잘 다녀왔느냐고 인사하는 자리가 똑같았어요. 꼼짝도 하지 않았지요." 또한 통증이 하도 심해서 '왜 나만 이런 고통을 안고 살아가야만 할까?' 하고 눈물을 쏟아내기도 했다고 합니다.

하지만 구라사와 씨는 "우는 일도 결국에는 싫증이 나더라고요" 하고 말을 이어갔습니다. 그때부터 자신의 통증에 대해 스스로 '도대체 나한테 어쩌라는 말인가? 내가 어떻게 하기를 바라는 거지?' 하는 물음을 던지기 시작했고, 자기 마음대로 되지 않는 상대인 헛통증과 대화를 시도했다고 합니다.

구라사와 씨는 팔 위쪽에 장애를 입은 비슷한 처지의 친구와 만나 2014년에 비영리법인 Mission ARM Japan을 설립했습니다(이하 MAJ). 장애 당사자를 위해 정보 교환의 장을 제공하고, 그곳에서 얻는 정보를 바탕으로 의족·의수나 장애인용 제품을 다루는 전문가 등에게 기획을 제안하고 개발을 지원하는 기관입니다.

기억은 단순히 과거 사건의 집적이라는 차원이 아닙니다. 사건을 어떻게 해석하고 의미를 부여하느냐, 다시 말해 서사narrative의 차원입니다. 객관적으로 같은 사건이라고 해도 의미를 다르게 부여하면 전혀 다른 가치를 지닌 기억으로 새겨집니다.

구라사와 씨는 오른팔 절단 직후와 현재 사이에 오른팔의 상실을 둘러싼 서사가 180도 다릅니다. 절단 직후에는 괴로움의 대상으로밖에 여기지 않았지만, 현재는 '재미를 느끼는 대상'으로까지 변했다고 합니다.

　어떻게 이런 변화가 일어났을까요? 동료의 도움 등 여러 가지 요인이 있겠지만, 내가 주목하고 싶은 점은 '만든다'는 행위입니다. 요즈음 구라사와 씨를 만나면 언제나 손에 자를 들고 무언가를 재거나 새로운 소재를 확인하느라 분주해 보입니다. 만드는 일이 서사를 바꾸었다는 말이 뜻밖으로 들릴지도 모르지만, 실은 막대한 영향을 미친다는 것을 알 수 있습니다.

거실이 연구실로 변하다

　우선 구라사와 씨가 만들어온 것은 '어깨'입니다. 어깨가 없으면 의수를 끼울 수도 없고 옷을 입어도 주르륵 흘러내리고 맙니다. 절제한 오른쪽 어깨를 대신하는 동시에 착용감이 좋은 어깨 패드를 입수하는 일이 필수적이었습니다.

　구라사와 씨가 이제까지 만든 어깨 패드는 아홉 종류입니다. 모양, 소재, 장착 방식이 다양한 여러 유형의 어깨 패드를 만들어왔지요. 그것을 만드는 과정은 예외 없이 시행착오의 과정이었고 불만족의 역사였습니다.

오른팔을 절단한 직후 의수 제작사에 의뢰해서 만든 어깨 패드는 왼쪽 어깨를 벽에 밀어붙여 모양을 베낀 다음 그 실루엣을 바탕으로 만들었습니다. 그런데 어깨를 벽에 밀어붙였기 때문에 아무래도 긴장한 상태의 어깨 모양으로 패드가 만들어집니다. 완성된 패드를 붙이면 힘을 빼도 어깨가 앞으로 둥글게 모아지지 않았고, 항상 제작품이라는 것을 의식하지 않을 수 없었다고 합니다.

그 후 다시 헝겊으로 만든 어깨 패드를 주문했습니다. 그 패드는 안에 솜을 넣어 푹신하고 감촉이 부드러웠습니다. 가볍다는 점은 좋았지만 인간의 어깨에는 미묘하게 튀어나오거나 움푹한 곳이 있는데, 헝겊 제품은 이런 섬세한 굴곡을 표현하지 못했기 때문에 여전히 만족할 수 없었습니다.

그러고 나서 구라사와 씨는 3D 프린터로 어깨 패드를 만드는 방법이 있다는 것을 알게 되었습니다. 왼쪽 어깨를 입체적으로 스캔해서 데이터를 반전시킨 다음 3D 프린터로 출력했습니다. 미묘한 굴곡을 포함한 자연스러운 상태의 어깨를 반전시킬 수 있었기 때문에 '자기 몸 같다'고 느꼈다고 합니다. 부드러운 소재로 만들기 때문에 견갑골부터 한 몸처럼 움직여준다는 점도 다른 제작품보다 훨씬 나았습니다.

드디어 만족스러운 어깨 패드를 손에 넣은 구라사와 씨는 어깨 근처를 가리키며 말합니다. "여기에 어깨가 정말로 있다는 느낌이 들어요. 만지면 느껴지지는 않지만 시각 효과에 의해 어깨 패드로 만들어놓은 어깨를 내 어깨라고 의식해요."

어깨는 본래적으로 그렇게 움직임이 큰 신체 부위는 아닙니다. 기껏해야 상하로 움직이는 정도일 뿐 손가락처럼 고도의 조작 기능이 있는 것도 아닙니다. 그러므로 '내부에서 느끼는 일'은 적고 외부에서 시각적으로 의식하는 일이 많은 편이지요. 더구나 구라사와 씨는 쇄골이 절반까지 있고 견갑골의 근육이 남아 있기 때문에 환지의 어깨를 으쓱하려고 하면 실제로 어깨 패드가 올라갑니다. 이러한 조건도 보탬이 되어 자기 어깨든 패드든 별로 차이를 느끼지 않는 것으로 보입니다.

물론 자기 어깨와 어깨 패드 사이에 차이가 전혀 없는 것은 아닙니다. 이를테면 숄더백을 메고 있을 때는 그 부위에 촉각이 없기 때문에 어깨 끈이 흘러내린 것을 느끼지 못하지요. 그래서 무의식적으로 숄더백의 어깨 끈을 추어올리는 일은 불가능하다고 합니다. "어깨에 감각이 있다면 어깨 끈이 막 흘러내리려고 할 때 고쳐 메겠지만, 아무것도 느끼지 못하니까 주르륵 흘러내립니다. 그럴 때 감각이 없는 상태라는 걸 새삼 깨닫지요."

어깨 패드를 3D 프린터로 만들려고 생각한 계기는 디자이너 겸 연구자인 다케코시 미나쓰竹腰美夏 씨가 MAJ에 동참했기 때문입니다. 구라사와 씨의 이야기를 들은 다케코시 씨가 "사정이 그렇다면 3D 프린터로 만들 수 있어요" 하고 제안한 것입니다.

다만 지금처럼 이상적인 어깨 패드를 곧바로 제작했던 것은 아닙니다. 3D 프린터로 만든다고 해도 소재나 모양에는 다양한 선택지가 있습니다. 속을 비워서 가볍게 만들기도 하고, 여름용으로 표면을 망사로 만들어보기도 하고, 움직여도 찢어지지 않는 강도가 어느 정도인지 시험해보기도 하고, 몸통에 둘러 장착하는 타입부터 속옷에 끼워 넣는 타입에 이르기까지 다양한 장착 방식도 시험해보았습니다.

그런데 그것을 개발한 방식이 흥미롭습니다. 다케코시 씨와 구라사와 씨는 일정한 기간 동안 셰어하우스를 빌려 함께 생활하면서 여러 가지 패드를 만들어보았다고 합니다. 저녁 식사 시간에 오늘 하루 일어난 일을 이야기하는 동안 새로운 아이디어가 튀어나오기도 했습니다. 구라사와 씨가 요리하는 모습을 다케코시 씨가 관찰하면서 뜻밖의 힌트를 얻기도 했고요 셰어하우스의 거실이 생활 현장인 동시에 연구실이었던 셈입니다.

다케코시 씨는 당사자라도 해도 자신이 진정으로 원하는 바가 무엇인지 알지 못할 때가 많다고 말합니다. '어떤 어깨 패드를 원하는가?', '어떤 의수를 끼우고 싶은가?' 하고 물어본다 해도 당사자가 반드시 명확한 대답을 내놓으리라는 법은 없습니다. 일본에서 2016년부터 시행한 장애인 차별해소법도 관청이나 사업자들에게 당사자를 위한 합리적인 배려를 요구하고 있지만, 막상 본인조차도 어떤 배려가 필요한지 알아서 척척 설명할 수 있는 것은 아닙니다.

그렇기 때문에 일단은 원형prototype을 만들어보고 체험하여 후기를 들어본 다음, 선택지를 늘려가는 일이 중요하다고 다케코시 씨는 말합니다. 실제로 사물이 있어야 그것을 가지고 구체적인 요구가 무엇인지 파헤칠 수 있고, 본인도 '무엇을 원하는가?'를 구체화할 수 있습니다. 직접 물건을 만들고 써봐야 정말 자기가 무엇을 원하는지 알 수 있으니까요.

흥미로워지기 시작했다

구라사와 씨는 지금도 자신의 손으로, 그러니까 왼손을 이용해서 '만들면서 연구하는' 방법을 추진하고 있습니다. MAJ 사무실에는 3D 프린터가 놓여 있지요. 이제 구라사와 씨도 완연히 '테크놀로지 여성'이 되어 기자재와 분투하고 있습니다.

구라사와 씨는 만드는 일을 통해서만 자기가 진정으로 원하는 것을 알 수 있습니다. 에피소드 1에 나온 니시지마 레나 씨의 경우는 그림을 그리는 일이 중요한 의미를 지녔는데요, 구라사와 씨에게도 특수한 사정이 있습니다.

환지에는 통증이 따라붙습니다. 아무것도 하지 않고 있으면 통증은 자신을 괴롭히고 점령하려고 위협을 가합니다. 그렇지만 '만들기'라는 작업을 매개로 통증을 대한다면 어떨까요? 객관적인 연구 자세로 대하면, 통증은 주체의 개입에 응해 답변을 해주는 대화 상대가 됩니다. 구라사와 씨가 환지에 '재미를 느끼는' 계기는 바로 이러한 자세의 전환에 있었다고 생각합니다.

물론 마음먹은 대로 통증을 조절하는 일은 불가능합니다. 하지만 구라사와 씨는 통증이 일어나더라도 '왜?'라고 이유와 원인을 물을 수 있을 만큼 통증과 거리를 둘 수 있습니다. 이러한 관계는 구라사와 씨가 헛통증에 대해 이야기할 때 마치 환지에 독립적인 의지가 있다고 인정하는 듯 말하는 근거가 되겠지요. 구라사와 씨는 웃으면서 이야기합니다. "어디론가 꺼져버렸으면 좋겠다고 생각하지만, 절대로 사라지지 않는다는 것을 알기 때문에 지혜로운 어른의 자세로 어르고 달래준다고나 할까요."

'자신을 괴롭히는 무거운 짐'에서 '몸을 둘러싼 탐구의 안내자'로 환지가 변한 것입니다. 아주 오랜 시간을 들인 결과 환지에 대한 구라사와 씨의 인식은 판연하게 달라졌습니다. 기억은 한번 만들어지면 그것으로 끝나는 것이 아니라 이후의 활동이나 관여 방식에 따라 의미가 완전히 달라질 수 있습니다. 이러한 서사의 변화가 환지에 물음을 던지고 목소리를 듣는 새로운 양식으로 나타난 것입니다.

나아가 구라사와 씨는 자신의 환지를 넘어 연구 대상을 확대하고 있습니다. MAJ에 모여드는 여러 당사자와 협력하면서 각자에게 필요한 것을 개발하고 있으니까요.

물리적으로는 팔이 있지만 마비 때문에 움직일 수 없을 뿐 아니라 헛통증으로 괴로워하는 남성이 있는데, 그는 고무로 만든 레몬 같은 것을 마비된 손으로 쥐고 있습니다. 머그컵처럼 손가락을 끼우는 곳이 있어 손에서 떨어지기 어렵게 생긴 물건입니다. 그 남성은 그 물건을 쥐고 있으면 환지의 통증이 흐트러진다고 말합니다. 본래는 악력을 단련하기 위한 물건인지 뭔지 잘 모르겠는데 우연히 가게에서 찾아냈다고 합니다.

그런데 그 물건의 크기가 왼손에 딱 맞지 않는다고 합니다. 내가 사무실을 방문했을 때 마침 구라사와 씨는 고무로 만든 레몬의 크기를 재면서 어떻게 개량하면 좋을지 그 남성과 의논하는 중이었습니다. 훌륭하게 개량한 모델을 3D 프린터로 출력할 수 있다면, 그 남성에게 딱 맞는 헛통증 완화 물품을 완성할 수 있을 것입니다.

3D 프린터와 장애는 무척 훌륭한 조합입니다. 두말할 나위 없이 3D 프린터를 사용하면 자기가 원하는 것을 단 한 개라도 만들 수 있기 때문입니다.

시판용 제품은 기본적으로 비장애인의 평균 신체를 상정하고 만들어지기 때문에 장애 상태가 각기 다른 장애인에게는 적합하지 않기 십상입니다. 한편 장애인을 위해 특화된 제품을 만들더라도 웬만해서는 이윤을 남기기 어렵다는 사정이 현실을 가로막곤 합니다. 그런데 3D 프린터라면 이 문제를 너끈히 해결할 수 있습니다.

장애와 테크놀로지

이는 단순히 3D 프린터를 유용하게 활용한다는 점을 넘어서서 장애인의 아이덴티티와 연관된 문제입니다. 왜냐하면 그것은 당사자가 자신에게 필요한 기술을 직접 구사한다는 의미이기 때문입니다. 기존에는 장애를 입은 당사자와 제품을 개발하는 기술자가 협력하는 일은 있어도 한 사람이 둘의 역할을 겸하는 일은 별로 없었습니다. 기술자는 아무래도 가능하면 기술을 고도로 세련되게 구현하는 일에 관심을 두기 마련입니다. 하지만 하이테크가 반드시 당사자에게 최선의 해결책이라고 장담할 수는 없지요.

나도 도쿄공업대학이라는 이공계 대학에 몸담고 장애를 연구하는 입장에서 종종 기술에 관해 연구자들의 상담을 받곤 합니다. 주로 이런 기술을 개발했는데 장애인을 위해 사용할 수 있겠느냐는 상담입니다. 순조롭게 풀리는 경우도 있지만 마찰을 빚는 경우도 적잖이 마주칩니다.

이를테면 눈앞에 펼쳐진 경치를 '보여줄' 수 있도록 시각장애인용 촉각 모니터를 개발하면 어떻겠느냐는 질문을 받은 적이 있었습니다. 시각 정보를 촉각 정보로 변환해 앞이 보이지 않는 사람에게 눈앞의 대상을 알 수 있도록 해주면 어떻겠느냐는 제안이었습니다.

자리를 함께한 전맹 당사자는 "그런 모니터는 필요 없어요"

하고 즉석에서 부정적인 반응을 내보였습니다. 눈앞에 장애물이 있다는 것은 지팡이나 맹인 안내견, 또는 소리의 반사 등으로 이미 알고 있을 뿐 아니라 처음부터 시각 정보를 모조리 파악하지 않으면 살아갈 수 없는 것도 아니기 때문입니다.

이렇듯 비장애인 기술자가 자신이 갖고 있는 정보와 능력을 장애인에게 체험하도록 종용하는 자세를 종종 목도합니다. 물론 기술자의 선의에 의거한 발상이기는 하지만, 비장애인이 갖고 있는 정보와 능력이 유일하고 절대적인 것은 아닙니다. 예를 들어 의수이기 때문에 손가락이 없어도 괜찮을 때도 있고, 팔이 움직이는 것보다 덜렁거리지 않는 안정감이 더 중요할 때도 있습니다.

'필요 없다'고 딱 잘라 말할 수 있는 상황이라면 오히려 다행입니다. 하지만 아무리 첨단 장치라고 해도 장애인 당사자가 필요 없다고 느끼는 물품을 '강요받을' 뿐이라면, 갈등은 점점 더 깊어질 것입니다.

예전에 미국 캘리포니아주 버클리에서 열린 〈Crip Tech〉라는 국제회의에 참가한 적이 있습니다. 'tech'는 테크놀로지를 가리키고, crip은 '불구자', '절름발이' 등 장애인을 가리키는 차별 용어입니다. 장애인 당사자가 스스로 주최한 이 회의의 표제에 굳이 'crip'이라는 차별 용어를 사용한 까닭은 '불구자가 뭐가 어때서!' 하고 받아치겠다는 전략이 있었기 때문입니다.

이틀에 걸쳐 시각장애, 휠체어 사용자, 자폐증 등 온갖 장애

당사자들이 보고서를 발표하고, 마지막으로 'Crip Tech 선언'을 채택했습니다. 이 선언에서도 기술을 개발하는 측이 상정하는 장애인이 현실과는 동떨어진 허구의 존재에 지나지 않는다는 것, 그리고 당사자 스스로 물건을 제작하는 기술을 익히는 것이 중요하다는 점을 소리 높여 주장했습니다.

이 자리에서 당사자가 기술을 모범적으로 사용한 몇몇 시도가 소개되었습니다. 그중에 가장 눈이 번쩍 뜨인 시도는 라이트하우스라는 시각장애인용 시설이었습니다. 샌프란시스코 중앙에 위치한 가장 비싼 노른자 땅에 고층 빌딩을 한 채 보유하고 있으며, 그 안에 시각장애인용 연구 공간을 두었다는 점이 실로 충격적이었습니다. 그곳에도 3D 프린터를 들여놓았고, 납땜인두 같은 전기 공작용 도구까지 마련해놓았다고 합니다. 애초에 시각장애가 있는 건축가가 이 빌딩의 설계를 맡았다고 하는데, '스스로 만든다는 것'이 어떤 의미인지 철저하게 파고들고 있다는 생각이 들었습니다.

구라사와 씨의 예를 통해 이 문제를 들여다보면 '스스로 만들기'의 의미는 단지 '자기에게 편리한 것을 손에 넣는 것'일 뿐만 아니라 만드는 일을 통해 '자신의 장애를 바라보는 방식이 바뀌는 것'이기도 합니다. 물론 그것이 꼭 전문 기술자를 배제한다는 의미는 아닙니다(실제로 MAJ는 적극적으로 기술자, 연구자와 협력하는 작업을 추진하고 있습니다).

팔의 기억이 향하는 곳

이렇게 구라사와 씨는 스스로 '테크놀로지 여성'이 되어 만드는 일을 통해 당사자 및 기술자와 관계를 맺어왔습니다. 그런데 앞에서 말한 대로 내가 인터뷰를 시작했을 때는 구로사와 씨가 마침 막 다음 단계로 나아가려던 시점이었습니다. 다음 단계란 곧 의수를 만드는 단계입니다.

기존의 연구에 의하면 헛통증을 완화하기 위해서는 의족·의수, 거울 이미지, 이미지 등 '이것은 내 몸의 일부'라고 여겨지는 대상을 획득하는 것이 효율적이라고 알려져 있습니다. 헛통증은 '움직일 것'이라는 예측에 대해 '실제로 움직였다'는 결과 보고가 되돌아오지 않기 때문에 발생한다고들 합니다. 다시 말해 예측과 결과의 불일치를 메우면 헛통증이 약해진다는 것이지요. 그렇다면 실제로 자신의 손이 움직이지 않았다고 해도 다른 무언가에 의해 '움직였다'는 (착각한) 정보를 뇌에 전달해주면 통증을 완화하는 효과를 볼 수 있습니다.

에피소드 4에서 이야기한 바와 같이 눈앞에 있는 물체를 '이것은 내 몸의 일부'라고 느끼는 방법에는 두 가지 회로가 있습니다. 하나는 주로 조작성에 의존하는 '내부에서 전해지는 감각'을 통하는 것이고, 또 하나는 주로 시각에 의존하는 '외부에서 주어지는 지각'을 통하는 것입니다. 둘 중 하나든지, 아니면 양쪽을 사용함으로써 '이것은 내 몸의 일부'라는 믿음을 발생시킬 수 있습니다.

전자에 대응하는 헛통증 완화 접근법으로는 근전의수筋電義手, myoelectric hand prosthesis*를 고려해볼 수 있습니다. 근전의수란 근육이 수축할 때 발생하는 미약한 전류를 감지해 움직이는 의수를 말합니다. 움직이려고 생각하면 실제로 의수가 움직이기 때문에 비록 의수라고 해도 진짜 손처럼 느낄 가능성이 있습니다.

후자에 대응하는 헛통증 완화 접근법으로는 VR을 사용하는 방법이 있습니다. 여기에 대해서는 에피소드 7에서 언급할 텐데, 가상공간에서 손의 움직임을 경험함으로써 전혀 통증을 느끼지 않는다는 사람도 있습니다.

안타깝게도 구라사와 씨는 현재 어느 쪽 방법도 사용할 수 없습니다. 어깨 아래를 절단했기 때문에 근전의수를 장착할 수도 없고 VR도 효과가 없었기 때문입니다. 그래서 구라사와 씨는 우선 환지를 눈에 보이는 형태로 만들어보고 싶다고 합니다. 한마디로 근전의수가 아니라 현시점에서 일반적인 장식 의수를 만들어 환지의 변화를 시도해보려는 것입니다. '장식 의수'란 인형의 손 같아서 움직일 수 없고, 그저 순수하게 외관상의 기능이 있을 뿐입니다. 그래도 시각적으로는 손이 보이기

---

* 근육 표면에 발생하는 전류의 강약에 의해 동작을 제어하는 의수. 보통 의수는 '무겁다', '덥다', '남의 주목을 받고 싶지 않다' 같은 이유 때문에 경량으로 만들거나 외관 재현에 중심을 두고 제작할 때가 많다. 반면, 근전의수는 외관보다는 기능 재현에 중심을 둔다. ─역주

때문에 환지에 변화를 줄 가능성이 있습니다. 구라사와 씨는 의수도 3D 프린터로 만들어보려고 궁리 중입니다.

의수를 만든다고 해도 단지 끼우는 것만으로는 오른쪽 어깨에 팔이 두 개 달려 있는 느낌이 들어 환지와 하나로 합쳐지지 않을지도 모릅니다. 그래서 지금은 환지와 모양이 비슷한 의수를 만들어 우선은 두 개가 겹쳐지도록 일체화할 필요가 있습니다. 그리고 환지와 의수가 하나가 된 상태에서 조금씩 의수의 위치를 바꾸어 앞으로 내밀어보려고 합니다. 구라사와 씨는 말합니다. "우선은 환지의 손을 몸 밖으로 내보내고 싶어요." 이른바 의수를 흐림수로 삼아 그것에 환지를 얹어서 밖으로 유인한다는 작전입니다.

실제로 의수를 끼우면 환지는 어떻게 될까요? 이것만은 직접 해보지 않고서는 알 수 없습니다. 환지와 더불어 생활해오던 오른손이 의수라는 다른 대상으로 바뀐다면, 손이 있었을 때 느낀 감각을 과연 잃어버릴까요? 아니면 잃어버리지 않을까요? 또 통증이 상실의 슬픔으로 변할까요? 아니면 변하지 않을까요?

헛통증이 없어진다는 것은 대화 상대를 잃는다는 것을 뜻합니다. 이제까지 헛통증을 통해 다양한 방식으로 자신의 몸을 연구해온 구라사와 씨는 말합니다. "없어지면 바로미터가 제로가 됩니다. 뭐, 제로가 되어도 괜찮을지도 모르지만요."

에피소드 7

왼손의 기억이 없는 오른손

기억의 부재

가와무라 아야토川村綾人 씨는 선천적으로 왼쪽 팔꿈치 아래로 팔이 없습니다. 태어날 때부터 그렇습니다. 에피소드 6에서 다룬 구라사와 나쓰코 씨는 팔을 병 때문에 절단했지만, 가와무라 씨는 팔이 계속 없는 상태로 생활해왔습니다.

요새 가와무라 씨는 의수에 관심을 두고 있습니다. 장식 의수, 즉 외관만 갖추고 움직이지는 않는 의수가 아니라 근육의 움직임에 따라 반응해서 '움직이려고 마음먹으면 움직일 수 있는' 근전의수를 제작하려고 합니다.

구라사와 씨는 의수를 제작함으로써 환지, 즉 과거에 팔이 있었다는 기억을 잃을지도 모른다고 생각했습니다. 반면 가와무라 씨는 당연히 '원래 있던 손'의 기억도 없고 환지도 없습니다. 잊어버린 것이 아니라 애초부터 기억이 없습니다. 따라서 의수의 의미도 당연히 구라사와 씨와 다릅니다. 아니, '의미가 다르다'는 말조차 어폐가 있을지도 모르지요. 가와무라 씨에게 의수란 왼손이라는 '의미를 알 수 없는 것'을 덧붙이는 일이니까요. 선천적 장애인이 아니고서는 전혀 해당하지 않을 기억의 부재, 의미의 부재 상태입니다.

가와무라 씨는 이제까지 오른손으로만 생활해왔습니다. 오른손으로 밥도 먹고 자전거도 탔습니다. 오른손만으로도 단추를 여밀 수 있고, 컴퓨터도 오른손으로만 다룰 줄 압니다. 자동차도 오른손으로 운전합니다. 현재 대기업 인사부에서 일하는데 모든 업무를 왼손 없이 해내고 있습니다. "컴퓨터 키보드를 한 손으로 두드리다가 전화가 오면 왼쪽 어깨로 받는 식입니다. 맨 처음에는 키보드의 키 세 개를 동시에 누르는 일이 힘들었지만 이제는 익숙해졌어요."

학생 시절에는 농구도 즐겼다고 합니다. 비장애인과 어울려 패스도 하고 슛도 날렸습니다. "왼손은 그냥 좀 매달아놓은 듯한 느낌이었어요. 이제 와서 돌아보면 하필이면 많고 많은 스포츠 중에 굳이 농구를 선택하지 않아도 좋았는데 말이지요.(웃음)"

농구는 스스로 주체적으로 선택한 것이 아니라 우연히 누가 권유하는 바람에 시작했다고 합니다. 가와무라 씨는 장난기 어린 웃음을 띠고 이렇게 말합니다. "축구를 선택했다면 얼마나 편했을까요. 손을 쓰면 반칙이잖아요."

너무나 당연하다는 듯이 왼손 없이 살아온 가와무라 씨는 취직을 앞두고서야 비로소 장식 의수를 제작했습니다. "주민 센터에서 소개받은 회사를 찾아가서 기사님와 만나자마자 치수를 재고 금방 만들었어요. 딱 한 번 소켓을 만들기 위해 치수를 재려고 찾아갔을 뿐인데, 어느 새 부랴부랴 뚝딱 만들어서는 '자, 한번 끼워볼까요?' 하더라고요."

장식 의수이기 때문에 움직일 수 없지만 가와무라 씨에게는 아주 친숙해 보였습니다. 인터뷰 동안에도 손목시계를 채운 의수를 무릎에 올려놓고 이야기하는 모습이 퍽 자연스러웠거든요. 집에 있을 때는 의수를 벗어놓지만 회사에 갈 때나 외출할 때는 기본적으로 언제나 끼우고 있다고 합니다. 곁에서 보기에 의수는 이미 가와무라 씨의 신체의 일부처럼 보였습니다.

의수와의 거리감

하지만 실제로 본인 이야기를 들어보니 가와무라 씨와 의수 사이에는 독특한 거리감이 있다는 것을 알 수 있었습니다.

우선 신체 감각적인 거리가 있습니다. 그의 의수는 앞쪽에 있는 소켓에 팔의 끝부분을 끼우는 구조입니다. 그렇지만 '팔이 길어졌다'고 느끼지는 않는다고 합니다. 오히려 '짐을 계속 들고 있는' 상태 같다고 합니다.

처음 의수를 끼웠을 때부터 그런 느낌은 늘 한결같이 있었습니다. "거북함이 있었어요. 무게가 있는 물체를 끼운 상태이기 때문에 당기는 느낌이 들거든요. 걸을 때는 팔이 흔들리잖아요. 그때 의수가 흔들려서 끌어당기는 겁니다."

동시에 심리적인 거리도 있습니다. "소중하지 않은 것은 아니지만 그렇다고 애착을 느끼지도 않아요." 외출할 때 잊지 않고 팔에 끼우고 다닌다고 해서 없어서는 안 될 정도로 애착의 대상은 아닌 듯합니다.

"그런데 정말 그럴까요?" 이렇게 질문을 더했더니 가와무라 씨는 웃으면서 충격적인 사고실험을 내놓았습니다. "만약 스마트폰과 의수를 동시에 떨어뜨린다면 '아뿔싸!' 하면서 스마트폰을 주울 걸요.(웃음)"

가와무라 씨의 장식 의수는 10년이나 되었습니다. 후생노동성의 보장구비補裝具費 지급 제도에 따르면 장식 의수의 사용 기한은 4년입니다. 4년 이내에 동종의 보조 기구를 구입하면 지원을 받을 수 없지만, 4년이 넘으면 정당한 수순을 밟아 지원을 받을 수 있습니다.

무려 10년이나 지난 가와무라 씨의 의수는 사용 기한을 두 배 이상 넘긴 셈입니다. 실제로 내부 조직이 망가져서 손가락 끝이 부드러워졌고, 가운뎃손가락이 부러져서 수리한 흔적도 있습니다. 표면이 거무튀튀한 것만 보더라도 꽤 낡아 보입니다. 그런데도 가와무라 씨는 10년이나 의수 하나를 계속 사용하다가 이제서야 교체를 검토하는 중입니다.

'무척이나 소중하게 사용하셨군요' 하는 말이 막 나오려는 참이었지만, 가와무라 씨는 그런 것이 아니라고 미리 해명했습니다. "잠옷 같은 것은 좀 낡고 때가 탔어도 그냥 입잖아요. 천이 닳고 해어질 때까지 입어보자고 말이지요. 나도 이 의수의 손가락이 전부 닳아서 조각나면 그때 가서 바꾸어볼까 생각 중이에요.(웃음)"

의수에 대한 독특한 거리감은 그가 행동할 때마다 눈에 띕니다. 이를테면 무의식적으로 움직이다가 의수가 문손잡이에 닿았을 때 어쩌면 의수가 망가질지도 모르는 상황인데도, 가와무라 씨는 매우 침착하게 반응합니다. "부딪쳤다는 것은 알 수 있어요. 하지만 딱히 부딪치지 않도록 조심하느냐 하면 그렇지도 않아요." 또한 손을 씻다 보면 의수가 젖을 때가 있는데, 의수가 젖어 있으면 좋지 않기 때문에 '일단 물기를 닦아볼까?' 생각합니다. 어디까지나 '일단 닦는' 것이지 '급하게 닦는' 것이 아닙니다.

가와무라 씨와 의수의 거리를 굳이 말로 표현한다면, '있으면 편하지만 없다고 해서 생활이 불가능하지는 않은' 정도라고 할 수 있을 듯합니다. 한마디로 말해 '의존하지 않는' 상태입니다. 의수가 없다고 해서 자기 자신이 성립하지 않는 것은 아니기 때문에 망가지지 않도록 그렇게까지 세심한 주의를 기울이지도 않습니다. 하물며 만일을 위해 의수를 여분으로 준비해두자는 생각도 들지 않습니다. 담백한 관계라고 할 수 있겠지요. 가와무라 씨에게 의수는 '없어서는 안 될 필수 불가결한 것'이 아닙니다.

사회적인 기능

그렇다면 필수 불가결한 것이 아닌데도 왜 가와무라 씨는 언제나 의수를 끼고 있을까요?

결론부터 말하면 가와무라 씨는 사실 의수가 필수 불가결하지 않기 때문에 언제나 끼고 있습니다. 이것은 도대체 무슨 뜻일까요? 가와무라 씨의 신체는 처음부터 왼손이 없는 상태 자체로 완결적입니다. 왼손이 없어도 무슨 일이든 할 수 있지요. 신체 운동의 욕구 차원에서는 의수가 필요하지 않습니다.

그렇지만 의수를 끼지 않으면 아무래도 지나치게 남의 눈에 띈다는 사정이 있습니다. 한마디로 자신을 위해서는 별로 필요 없지만 주위 사람을 고려하면 의수가 필요하다는 뜻입니다.

처음으로 의수를 끼우기 시작한 사정에 대해 가와무라 씨는 이렇게 이야기합니다. "주위의 시선이 완전히 180도 바뀌었어요. 의수를 끼우기 전에는 사람들이 깜짝깜짝 놀랐거든요. 특히 반소매를 입을 때는 더 티가 나니까요. 그러던 것이 의수를 끼고 나니까 '한동네 사람'이 된 것 같더라고요." 결국 가와무라 씨의 의수는 순전히 장식으로 기능하는 의수입니다. 의수를 끼움으로써 주위 사람들의 시선이 변하고 '한동네 사람'이 될 수 있었습니다.

그런데 장식의 기능만을 위해서라면 정말 필요할 때만 끼우면 될 것 같다는 생각이 듭니다. 실제로 의수는 무겁기 때문에 늘 당겨지는 느낌이 있다고 가와무라 씨도 얘기하니까요. 후천적으로 팔을 절단한 사람 중에는 좀 더 자유자재로 의수를 탈부착하는 사람도 분명히 많습니다. 당사자 모임에서 종종 목격하는 장면이 있는데요, 다들 실내에 모여 이야기를 나눌 때는 의수를 벗어놓습니다. 그러다가 단체 사진이라도 찍을 때면 서둘러 의수를 장착하지요.

그러나 가와무라 씨는 다릅니다. 가령 한자리에 있는 사람들이 모두 팔을 잃은 당사자라고 해도 의수를 벗는 법이 없습니다. 이야기를 나눌 때도 끼우고 있고, 사진을 찍을 때도 당연히 끼우고 있습니다. "다른 사람보다 내가 의수를 끼는 시간이 길지도 모르겠어요. 항상 사진을 찍을 때와 같은 상태라고 할까요. 왜 그런지 모르겠어요. 내내 사진을 찍고 있는 것도 아닌데 말이에요."

가와무라 씨에게 의수란 무엇일까요? "굳이 말하자면 옷이나 신발 같은 것이 아닐까요?" 하고 가와무라 씨는 표현합니다. '입거나 신지 않고서는 밖에 나갈 수 없는' 물건 말입니다.

그렇지요. 가와무라 씨에게 의수는 '안'과 '바깥'의 경계와 연관됩니다. 사적인 장소에서는 의수를 벗어놓습니다. 실제로 집에서는 의수를 끼우지 않지요. 하지만 집 밖으로 나가 공적인 장소에 가면 반드시 의수를 끼웁니다.

가와무라 씨의 의수는 물리적인 기능을 담당하지 않는 대신, 그때그때 어떤 장소냐에 따라 사회적인 역할을 담당합니다. 그렇기 때문에 바깥에서 의수를 벗어놓으면 부자연스럽다고 느낍니다. 규칙이 자신의 외부에 있다고 할까요. 신체 운동의 필요성이 아니라 사회적인 규칙에 따라야 하기 때문에 자신의 개인적 사정에 따라 탈부착하기를 꺼리는 것입니다.

이것은 우리가 덥다고 아무데서나 옷이나 신발을 벗지 않는 것과 마찬가지겠지요. "지금 누군가 내게 의수를 벗으라고 하면 벗어놓을 수는 있지만 굳이 일부러 벗어놓을 이유는 없다고 생각해요. 갑자기 맨발로 바깥을 나돌아 다니는 느낌이지요. 잘 설명할 수는 없지만요."

양손의 감각을 모른다

공적인 장소에서는 언제나 의수를 끼고 있으면서도 신체 운동의 측면과 심리적인 측면에서는 의수가 자신과 일체화되지 않는다고 가와무라 씨는 이야기합니다. 그렇다면 도대체 '한 손으로도 완결적이다' 또는 '왼손의 기억이 없다'는 것은 어떤 상태일까요?

그것은 '양손'이라는 감각을 모른다는 말입니다. 가와무라 씨는 이렇게 말하더군요. "한 손으로 생활하는 일이 일상이 되어버려서 누군가에게 '양손으로 하면 쉬운데' 하는 말을 듣지 않으면 스스로 외손이라는 것을 의식하지 못합니다."

양손을 쓰는 것은 외손 두 개를 사용하는 것과 다릅니다. 가와무라 씨도 왼손을 운동시키는 감각 자체는 오른손을 운동시키는 감각을 통해 추측할 수 있을 것입니다. 그렇지만 '양손'은 '외손 두 개'가 아닙니다. 양손이 있다는 것은 손 두 개가 연동해서 움직인다는 것입니다. 각각 별개로 움직이는 것이 아니라 서로 협력해서 한 가지 일을 해낼 수 있지요. '양손이 있다'는 의미는 바로 이것입니다.

다양한 상황에서 우리의 오른손은 왼손을 전제로 움직이고, 왼손은 오른손을 전제로 움직입니다. 박수를 치고, 지퍼를 올리고, 신발 끈을 묶는 동작을 할 때 오른손과 왼손은 서로 보조를 맞추면서 함께 움직입니다. 상호 의존하는 연동 관계야말로 '양손' 감각의 본질입니다.

덧붙여 연동하는 오른손과 왼손이 반드시 대등하지는 않습니다. 예를 들어 지퍼를 올릴 때 한쪽 손이 지퍼 꼭지를 움직이는 동안, 다른 한쪽 손은 꼭지의 움직임에 대항할 수 있도록 힘을 주어 멈춤쇠를 누르고 있을 필요가 있습니다. 그러면 어느 손이 지퍼 꼭지를 담당하고 어느 손이 멈춤쇠를 담당할까요?

그것은 사람에 따라 다릅니다. 잘 알다시피 누구나 '잘 쓰는 손'이 따로 있습니다.

오른손잡이라면 왼손으로 멈춤쇠를 누르고 오른손으로 지퍼 꼭지를 움직이겠지요. 만약 왼손잡이라면 그 반대로 할 것입니다. 물론 오른손잡이가 왼손으로 지퍼 꼭지를 움직이는 일도 있겠지요. 하지만 기본적으로 세밀한 조절이 필요한 일은 잘 쓰는 손, 보조로 받쳐주는 일은 잘 쓰지 않는 손이 담당합니다. 왼손과 오른손은 대등하지 않지요. 양손 사이에는 주종 관계가 성립하고 잘하는 일과 못하는 일이 따로 있습니다.

비대칭인 좌우의 손이 연동해서 움직인다는 것, 즉 '양손이 있다'는 것은 왼쪽과 오른쪽의 의존 관계를 몸속에 구축하고 있다는 뜻입니다. 가와무라 씨의 오른손은 왼손에 의존해본 기억이 전혀 없습니다. 오른손은 늘 오른손으로만 움직이는 자립적인 손일 따름입니다. 가와무라 씨는 이렇게 말합니다. "우리한테는 '잘 쓰는 쪽 손' 같은 감각이 없어요. 다른 사람들은 양손이 있어서 오른손을 잘 쓰고 왼손이 보조적인 역할을 맡는 것 같은데, 우리에게는 그런 게 없어요."

오른손이 왼손을 원하지 않는다

기억이 있으면 요구가 생겨납니다. 전신이 연동하는 상태로 움직인다는 무의식적인 기억을 갖고 있으면, 어떤 부위가 없다는 것이 곧 연동 시스템에 오류가 생겼다는 것을 의미합니다. 그래서 있어야 할 부위가 없는 그곳에는 전신의 연동을 회복하기 위해 상실한 부위가 '있었으면' 하는 감정이 생겨납니다.

가와무라 씨에게는 왼손을 전제한 연동의 기억이 없습니다. 왼손의 기억이 없다기보다는 오른손 안에 왼손의 기억이 없습니다. 아니, 온몸 안에 왼손의 기억이 없습니다. 그러므로 오른손 또는 온몸이 왼손을 원하지 않습니다. 왼손을 회복하고자 하는 요구가 없습니다. 있다고 해도 그것은 '농구를 할 때 매달아놓을' 정도일 뿐, 팔꿈치 아래의 움직임을 전제로 삼지 않습니다. 현재 가와무라 씨 앞에는 현실적으로 의수가 너무 낡아서 새로 만들어야 하는 시점이 다가온다는 문제가 놓여 있습니다. 그렇지만 정작 의수를 만들어야 할 동기가 없습니다.

"의수가 왜 필요한지, 스스로 동기를 부여하기가 힘들어요. 모처럼 의수를 만들어주겠다는 사람이 있는데도 정작 제가 어물거리고 있으니까 실례를 범하는 것 같아요."

이렇듯 가와무라 씨의 경우는 후천적으로 팔을 절단한 사람과 근본적으로 다릅니다. 이미 서술했지만 후천적으로 팔을 절단한 사람에게 '의수를 만드는 일'은 '잃어버린 팔의 회복'을 의미합니다. 구라사와 씨가 말했듯 본질적으로 '손의 기억을 잃어버리는 일'이 될지도 모릅니다. 그것은 '결핍을 상실하는 것'이기 때문입니다.

그렇지만 이런 특징을 포함해 후천적으로 팔을 절단한 사람은 의수에 대해 자기만의 뚜렷한 주장이 있습니다. 그런 사람 대다수가 헛통증이 있기 때문에 통증의 상태를 변화시키려고 하는 의지가 한층 강해지는 것은 당연하겠지요.

가와무라 씨도 후천적 장애인과는 아무래도 온도차를 느낀다고 합니다. "선을 긋기는 싫지만 확실하게 선천적 장애인과는 대등하게 이야기할 수 있다는 느낌이 듭니다."

이름 같은 것

온도차를 느끼는 원인은 팔이 없는데도 '양손이 있다는 것'을 기준으로 생각한다는 점에 있겠지요. 가와무라 씨는 그 점에 대해 굳이 반론을 펴지 않는다고 말합니다. '나는 원래부터 팔이 없어' 하고 말하는 것은 어딘가 '잘난척하는 것 같기' 때문입니다.

"오른손이 없어서 힘들다는 사람에게 '난 원래부터 없어서 말이야……' 하는 것도 어쩐지 재수없어 보이지 않나요?(웃음) 신체 일부가 없어지는 아픔을 내가 안다고 할 수 없기 때문에 위로도 되지 않을 것 같아서 별로 그런 이야기는 하지 않아요. 여하튼 그 사람에게는 나름의 접근법이 있다고 생각합니다."

실제로 MAJ 모임에 가보면 선천적 장애인이 당연하게 구사하는 요령을 후천적으로 장애를 입은 사람이 배우는 장면도 자주 목격합니다. 양쪽은 결코 동떨어져 있지 않지요. 오히려 서로 보완하는 관계로 보입니다.

한편, 전제의 차이를 존중하는 가와무라 씨 같은 입장도 소중하다고 봅니다. 어떤 사람이 '이것이야말로 내 몸'이라고 납득하는 기준은 의도적으로 취사선택한 것이 아닙니다. 태어났을 때 주어진 환경, 타고난 신체 조건이나 이후의 경험에 의해 저절로 만들어진 것입니다.

신체의 일부를 절단한 사람은 헛통증이라는 신체적 통증과 정신적 고통을 겪으면서 저절로 만들어져버린 기준을 고치고 바꾸어가는 과정에 서 있습니다. 그 점을 가와무라 씨는 존중하고 싶다는 말이겠지요. '취사선택한 것이 아니라는 점'까지 포함해 가와무라 씨는 만들어진 몸의 기준에 대해 "이름 같은 것이 아닐까요?" 하고 말합니다.

가와무라 씨의 경우 "엄청나게 좋아하는 이름이라면 끝까지 고집하겠지만, 이름이란 본래 자기가 붙이는 것도 아니고 특별히 애착을 갖는 대상도 아니지요. 공식 문서나 신청서를 쓸 때처럼 이름을 틀리게 써서 고칠 필요가 있으면 고칠 뿐입니다. 죽기 살기로 집착하는 대상은 아니에요."

실은 인터뷰에 앞서 가와무라 씨에게 편지를 보낼 때 나는 실수로 이름을 틀리게 썼습니다. 나중에 실수를 깨닫고 인터뷰를 시작하자마자 사과했지만, 가와무라 씨는 그전에 본인의 이름을 정정해서 알려주지 않았습니다.

물론 가와무라 씨와는 달리 누군가 자기 이름을 틀리게 말하면 참을 수 없이 싫어하는 사람도 있겠지요. "개중에는 이름에 무척 애착이 강해서 절대로 이름을 바꾸고 싶지 않다는 사람도 있지요. 애착이라기보다는 신념으로 보일 만큼이요." 대체적인 경향은 있다고 해도 '주어진 것이기 때문에 애착이 없다' 또는 '내가 고른 것이기 때문에 소중하게 여긴다'는 식으로 단순한 인과관계가 무조건 성립하지 않는다는 점에도 주의해야 합니다.

변화를 앞두고

만약 근전의수를 사용하기 시작하면 자신의 몸이 어떻게 변할지 기대가 된다고 가와무라 씨는 말합니다. 근전의수를 사용하면 본인의 의지에 따라 의수를 움직일 수 있습니다. 기억으로서 알고 있는 '오른손으로 모든 일을 해내는 몸'에 왼손의 운동이 플러스알파로 덧붙여지는 것입니다. 한마디로 의수가 단순한 외관의 문제가 아니라 연동의 문제와 관련됩니다. "나도

'양손이 있으니까 이렇게나 편하구나!' 하는 감각을 좀 체험해 보고 싶어요."

근전의수를 착용하는 첫 순간은 오른손 또는 온몸이 처음으로 왼손과 만나는 순간입니다. 그때 오른손의 역할, 온몸의 연동은 어떻게 변할까요. 처음에는 아무런 요구가 없는 곳에 왼손을 부착하는 것이기 때문에 웬만큼 의식하지 않으면 왼손이 등장하지 않는 상태겠지요. 그런데 시간이 좀 흐르고 익숙해지면 왼손이 자연스레 '쑥 나오는' 연동이 과연 성립할까요? '왼손이 없어도 완결적인 몸'에서 '의수를 받아들여 성립한 몸'으로 변신이 매끄럽게 이루어질지 궁금합니다.

연동의 관계가 바뀜으로써 가와무라 씨는 의수에 애착이 생길지도 모른다고 말합니다. "손을 움직일 수 있으면 외관의 문제에 머물지 않고 어떤 필요성이 생겨날 것 같아요. 왼손을 쓰면서 생활하다가 갑자기 왼손을 쓸 수 없어지면 '앗, 큰일 났다!' 하는 생각이 들겠지요. 그런 때가 와야 비로소 애착이라고 부를 만한 상태가 되지 않을까요?"

물론 '의수를 받아들이는 것'에는 위험이 따릅니다. 의존 관계를 심화시키면 의수를 상실했을 때 생길 취약성을 떠안아야 하니까요. 가와무라 씨는 이렇게 말합니다. "시골 사람이 몰고 다니는 자동차 같은 거죠.(웃음) 갑자기 차가 고장 나면 슈퍼마켓에도 못 가는 것과 비슷해요." 의수가 가와무라 씨에게 어떤 변화를 가져다줄지, 기대를 갖고 지켜보려고 합니다.

에피소드　　　　　8

가
상
현
실
을　통
한　훈
련

전통 의상을 입은 구도자

모리 가즈야森一也 씨는 평소에 전통 일본 옷, 즉 화복和服을 입습니다. 살짝 험상궂게 생긴 남성이고 무술 지도자 같은 인상을 풍깁니다. 실제로 이야기를 나누어보면 무척이나 싹싹한 편이지만, 모리 씨 주위에는 늘 구도자의 분위기가 감돕니다.

모리 씨는 열일곱 살 때 두 사람이 함께 오토바이를 탔다가 사고를 당했는데, 그 일로 왼팔의 신경얼기*가 뽑히는 심각한 부상을 당했습니다. 팔의 신경에서 그물 모양으로 척추에 결합되어 있는 부분이 뿌리가 뽑혀나가듯 뽑혀버린 것을 말합니다. 오토바이 사고에서 자주 발생하는 부상입니다.

그 후 30년 가까이 모리 씨는 사라지지 않는 통증을 안고 살

* 신경 섬유가 서로 섞여서 그물처럼 이루어진 것. — 역주

아왔습니다. 이른바 헛통증입니다. 물리적인 팔은 있지만 왼팔 절반과 손가락이 마비된 상태라 환지의 통증이 있습니다.

모리 씨는 30년 동안 다양한 방법으로 헛통증과 씨름해왔습니다. 스스로 '연구 활동가'라고 말할 정도입니다. 그는 항상 노트를 들고 다니며 꼼꼼하게 무언가를 적습니다. 학계의 연구자 못지않은 전문성을 갖추고 자신의 몸과 통증에 대해 당사자의 입장에서 연구를 지속해왔습니다. 이것이 구도자 같은 분위기를 풍기는 원인의 정체입니다.

헛통증을 완화하는 새로운 방법을 시도하기 시작한 시점에 모리 씨는 인터뷰에 임했습니다. 새롭게 시도하는 방법은 쑤시고 아픈 온갖 증상에 시달리는 모든 환자에게 효과적이지는 않지만, 모리 씨에게는 현격한 효과를 보여준 덕분에 드디어 30년 만에 처음으로 무통 상태를 경험할 수 있었다고 합니다.

새로운 헛통증 완화 방법이란 바로 VR을 이용한 방법입니다. 그것이 어떤 방법인지, 또 그 덕분에 모리 씨가 어떤 변화를 겪었는지에 대해서는 나중에 자세하게 기술하겠습니다. 우선 모리 씨의 왼팔 상태가 어떠했는지부터 확인해보지요.

목소리를 내어 내 몸을 깨우다

모리 씨의 왼팔은 무척이나 애매모호하고 복잡합니다. 우선 아까 말한 대로 왼팔은 물리적으로 존재합니다. 헛통증이라고 하면 팔을 절단한 사람에게 일어나는 증상으로 여기기 쉽지만, 모리 씨의 경우는 다릅니다. 자기 팔도 있거니와 환지도 있습니다. 환지가 반드시 '없어진 팔을 있는 것처럼 느끼는 부위'만은 아닙니다.

더구나 모리 씨는 왼팔을 움직일 수도 있습니다. 글씨를 쓸때 왼손을 종이에 슬쩍 갖다 댑니다. 얼핏 보면 자연스러운 움직임으로 보이기도 합니다. 그러나 운동은 제한됩니다. 팔을 안쪽으로 끌어당길 수는 있어도 바깥쪽으로 뻗을 수는 없습니다. 손가락도 움직일 수 없습니다. 문진처럼 종이를 누를 수는 있지만 손가락으로 세밀한 작업을 하기는 어렵습니다. 팔 안쪽의 신경이 겨우 이어져 있을 뿐이니까요.

물리적으로 팔이 존재하고 부분적일지언정 움직일 수도 있지만, 모리 씨는 늘 헛통증에 시달립니다. 그것도 상당히 심하게 말이지요. 그 밖에도 여러 가지 통증이 있는데 밤에 잠을 이루지 못할 정도라고 합니다.

"자려고 누우면 잠이 들려고 하자마자 호흡이 멈추었다가 다시 돌아온 사람처럼 벌떡 일어납니다. 또는 산소 결핍 상태로 악몽의 순환*에서 빠져나올 수가 없어요. 그래서 잠을 통

잘 수 없답니다."

　낮에 헛통증이 있지만 잠을 자는 동안에는 사라진다는 사람도 있습니다. 그러나 모리 씨는 일상 전체가 아픔의 고통으로 뒤덮여버렸습니다. 어떻게든 몸을 쉬도록 해주어야 하기에 모리 씨는 하루걸러 마취과에 다니며 마취 상태로 잠드는 방법을 쓰고 있습니다.

　잠을 잤다고 해도 잠자리에서 일어나는 일이 큰일입니다. 눈을 뜨면 몸이 땡땡하게 부어 있습니다. 하지만 그것은 환지가 부어오르는 것과 다르다고 합니다. 모리 씨의 표현에 따르면 "뇌에서 보내는 신호로 몸 전체가 가득 차버린 것이 아닐까?"싶은 상태라고 합니다.

　"내 뇌는 왼손이 잘려나갔다는 사실을 아직 배우지 못했습니다. 왼손으로 보내는 신호가 뇌의 안쪽으로는 제대로 전해지기 때문에 뇌의 바깥쪽에도 전해질 것으로 여기고 있습니다. '움직이지 않는다'고 아무리 팔이 알려주어도, 뇌는 '아니, 그럴 리 없어, 다시 전해봐' 하고 신호를 계속 보냅니다. 그런 상태가 줄곧 이어져요."

　에피소드 3에서 확인한 바와 같이 헛통증은 '움직일 것'이

---

　*『무한×악몽 오후 3시 33분 타임루프 지옥(無限×悪夢 吾後3時33分のタイムループ地獄)』(土橋真二郎, 集英社みらい文庫, 2019)이라는 책에 나오는 일화에 비유한 지옥을 말한다. 주인공 고교생은 어느 때부터인가 갑자기 매일 오후 3시 33분이 되면 악몽의 세계에 빠져버린다. ─역주

라는 뇌의 예측에 대응해 '실제로 움직였다'는 결과 보고가 되돌아오지 않기 때문에 발생한다고 여겨집니다. 결과 보고가 되돌아오지 않으니 뇌는 오로지 '움직이라'는 신호를 계속 보내는 것입니다. 그래서인지 눈을 뜬 직후 모리 씨의 몸은 '움직이라'는 신호로 가득 차 있습니다. 모리 씨는 자신의 몸 상태를 이렇게 짐작하고 있습니다.

땡땡하게 부어오른 상태로 눈을 뜨기 때문에 무엇보다 하루를 시작하는 일이 괴롭습니다. 그래서 모리 씨는 매일 목소리를 냅니다. "목소리를 낼 때 성대가 진동하잖아요. 그걸로 뇌를 깨웁니다." 한마디로 모리 씨는 '일어나는 것'이 아니라 '자신을 일으킬' 필요가 있다는 뜻입니다.

심지어 목소리를 한 번 낸다고 금방 일어나게 되는 것이 아닙니다. 모리 씨는 매일 아침 암기해둔 경전을 소리 내서 외웁니다. 독경에 집중하는 동안 '일어날 수 있는지 없는지 시험하는 느낌'이라고 합니다. 결국 몸을 일으킬 때까지 30분 이상 시간이 걸린다고 하는군요.

속세를 떠나서

부상을 입은 당시에 모리 씨는 아픈 것이 헛통증 때문임을 몰랐습니다. 다니던 정형외과에서 '신경이 끊어졌으니까 아플 것'이라는 말을 들었으니 그런 줄로만 알았지요. 다치기는 했지만 물리적으로 팔이 붙어 있을 뿐 아니라 팔을 움직이기도 하기 때문에 설마 헛통증이라고는 생각하기 힘들었던 것입니다. 결국 모리 씨가 느끼는 통증이 헛통증임을 안 것은 2005년에 들어서입니다.

그렇기 때문에 부상을 입고 얼마 동안은 통증의 정체도 알지 못한 채 그저 고통스럽기만 한 나날을 보냈습니다. 자살 충동에도 시달렸지요. 처음 10년은 집 안에 틀어박혀 지냈다고 합니다. 같은 병을 앓는 친구도 차례차례 세상을 떠났지요. "내가 마지막까지 살아남으면 어떻게 될까 생각했어요." 이윽고 집에 틀어박혀 지내는 시기가 지나가자 이번에는 거꾸로 '집 밖으로 나도는 시기'를 맞이했다고 합니다. 한시도 집에 머무르지 않고 바깥으로 나돌았습니다.

살아가는 방법을 모색하는 가운데 어느 날 모리 씨는 '동물처럼 사는 길'을 떠올렸습니다. 한마디로 사회적 인간이기를 포기해버리자고 생각한 것입니다. "동물은 상처를 입었다고 엉엉 울지 않잖아요. 그저 살아남으려고만 하지요. 인간으로 살아가기를 멈추고 동물처럼 생존하는 수밖에 없다고 생각했어요."

"보통 사람처럼 살아가기를 도중에 포기했다고 할 수 있을 것 같아요. '보통 사람으로 살아가기를 포기하고 목숨을 부지하는 것'과 '보통 사람으로 살아가려고 하는 대신 목숨을 포기하는 것' 중에 어느 쪽을 선택할지 기로에 놓였을 때 나는 목숨을 부지하는 쪽을 선택한 것입니다."

인간은 자신이 마주한 현상을 조망하며 이유를 자문하기도 하고, 어떤 판단을 내리기도 하는 형이상학적 의식을 지닌 존재입니다. 그런데 모리 씨는 인간으로서 자기 안에 있는 이성의 기능을 정지시키는 길을 선택했습니다. 어떤 의미에서 인간이기를 포기하는 길을 선택한 것입니다. 생명을 유지하고 '그저 살아가기 위해서'는 그럴 필요가 있었다고 모리 씨는 말합니다.

모리 씨가 취한 구체적인 방법은 실로 동물처럼 산속으로 들어가는 것이었습니다. "산속에 들어가서 며칠 동안 주먹밥만 먹으면서 아무 생각도 하지 않고 오로지 좌선을 하거나 명상을 했어요. 그때는 아직 체력이 괜찮았기 때문에 조용히 평정심을 유지하면 통증이 수그러들었지요."

'그저 살아간다'는 말은 '자신을 제어하려고 하지 않는다'는 말이고 '타자와 비교하지 않는다'는 말이겠지요. 나중에 모리 씨는 이를 '셀프 센터self-center'라는 언어로 표현했습니다. "나를 오토바이 뒤에 태웠던 놈을 원망하지 않고, 역경을 한탄하지 않고, 순탄하게 지내는 타인의 생활을 시기하지 않고, 나는 이대로도 괜찮다는 셀프 센터의 정신 상태를 계속 유지하면 괜찮아지지 않을까 생각했어요. 그럴 때 계산이나 욕구가 발동하면 틀림없이 별로 좋지 않을 테니까요."

어쩔 도리가 없는 통증과 마주하기 위해 모리 씨는 의식의 양태를 모색하는 여행을 떠났습니다. 한편으로 그것은 '남을 원망하지 않겠다'는 심리적인 측면이 있는 동시에 아픈 몸에 어떻게 대처할지 고민하면서 자기 몸과의 관계를 탐색하는 연구이기도 했습니다. 이때 선禪을 통해 연구하던 것이 나중에 VR을 체험할 때 다시 살아났다고 합니다.

헛통증 완화 VR

VR에 의한 헛통증 완화란 어떤 것일까요? 그리고 30년 가까이 끊임없이 괴롭히던 통증에서 일시적으로 해방되었을 때 모리 씨의 감각은 어떠했을까요?

모리 씨가 경험한 헛통증 완화 장치는 헛통증 당사자가 임상의 또는 기술자와 협력하면서 아직 개발하는 중입니다. 당사자 입장에서 개발의 선두에 서 있는 인물이 이노마타 가즈노리猪俣一則 씨입니다. 주식회사 KIDS의 디자이너인 이노마타 씨는 모리 씨와 마찬가지로 사고로 신경얼기 뽑힘 손상을 입은 당사자입니다(이노마타 씨는 오른팔 마비 상태입니다).

당사자가 앞장서는 개발이 진행되고 있는 것입니다. 이노마타 씨는 에피소드 6에서 다룬 구라사와 씨와 함께 MAJ의 이사를 맡고 있습니다. 에피소드 6에서 구라사와 씨의 DIY 정신을 언급한 바 있는데, MAJ의 일원인 이노마타 씨는 전문가의 자격으로 '만들면서 연구하는' 최전선에 서 있습니다.

모리 씨는 2018년 4월에 KIDS 사무실(그곳은 MAJ이 모임을 갖는 장소이기도 합니다)을 방문해 처음으로 VR을 체험했습니다. 이후에도 몇 차례나 도쿄에 가서 VR을 체험하고 있는데, 모든 것을 이노마타 씨가 지원해주고 있습니다. 나는 그중 2018년 6월에 있었던 모리 씨의 두 번째 체험을 참관했습니다.

우선 VR을 실시하기 전에 환지가 얼마나 움직이는지 확인합니다. 그런데 환지를 확인하는 방법이 무척 흥미롭습니다. 애초부터 환지는 볼 수도 없고 만질 수도 없는데 어떻게 확인할 수 있을까 생각하면 절망스러울 듯합니다. 하지만 뜻밖에도 아주 단순한 방법으로 환지를 측정하는 것이 가능합니다.*

체험자는 우선 전자 태블릿 화면에 직선을 그리면서 환지로도 똑같이 직선을 그리라는 지시를 받습니다. 모리 씨는 오른손으로 터치펜을 쥐고 앞뒤로 반복해서 선을 그리면서 환지가 있는 왼손으로도 앞뒤로 선을 그리는 이미지를 떠올립니다. 이번에는 전자 태블릿 화면에 계속해서 선을 그리면서 환지로는

* Michihiro Osumi, Masahiko Sumitani, Naoki Wake, Yuko Sano, Akimichi Ichinose, Shin-ichiro Kumagaya, Yasuo Kuniyoshi, Shu Morioka, "Structured movement representations of a phantom limb associated with phantom limb pain," *Neuroscience Letters*, Volume 605, 25 September 2015, pp.7-11.

원을 그리라는 지시를 받습니다. '직선을 그리는' 동작과 '원을 그리는' 동작이라는 엇갈린 동작을 동시에 진행합니다. 이렇게 하면 검사 완료입니다.

이 검사를 통해 어떻게 환지의 상태를 알 수 있을까요? 건강한 양손을 가진 사람이 왼손과 오른손으로 엇갈린 동작을 하면 아무래도 서로 영향을 받습니다. 다시 말해 직선을 그리려고 해도 다른 손이 원을 그리고 있으면 방해를 받아 직선이 구부러지고 맙니다. 이 검사는 이런 성질을 이용합니다. 건강한 손이 얼마나 환지의 영향을 받고 있는지를 살펴보는 것이지요.

헛통증은 환지를 자유롭게 움직일 수 있는 사람일수록 약하다고 알려져 있습니다. 헛통증이 가벼운 사람일수록 건강한 손이 영향을 많이 받기 때문에 선이 비뚤배뚤해지기 십상이거든요. 거꾸로 헛통증이 심한 사람일수록 건강한 손으로 구부러지지 않게 위아래로 직선을 그릴 수 있습니다.

이노마타 씨는 VR 체험 전후에 이 검사를 받습니다. VR이 얼마나 헛통증 완화에 효과가 있는지 확인하기 위해서입니다. VR 체험 후에 직선이 '비뚤배뚤해지면' 환지를 마음먹은 대로 움직일 수 있다는 것을 뜻합니다.

딱 맞아떨어지는 순간

이제 드디어 헛통증 완화 VR 체험에 대해 살펴볼 차례입니다. 이노마타 씨가 개발하고 있는 VR 시스템도 보통 VR과 마찬가지로 거대한 안경 같은 장치, 즉 머리 착용 디스플레이Head Mounted Display, HMD를 장착하고 시행합니다.

우선 의자에 앉아 HMD를 머리에 장착합니다. 그러면 몇 개의 하얀 선이 화면 구석을 향해 그어지는 것이 보입니다. 마치 100미터 달리기의 출발 지점에 섰을 때와 비슷한 광경입니다. 한편, 자기와 가까운 곳에는 테이블 같은 받침대가 있고 그 구석에 거울 같은 것도 달려 있어서 마치 화장대 앞에 앉아 있는 듯합니다.

다음으로 테이블을 향해 앉은 채 손을 움직입니다. 그러면 가상공간에 있는 자신의 손도 그대로 움직입니다. 손은 오른팔과 왼팔에 각각 달려 있지만 실제 손과는 다릅니다. 새하얗고 단면이 사각형 모양이거든요. 모리 씨의 표현에 의하면 '양갱 같은' 손가락을 가진 손입니다. 실제로는 손이 없는 사람이라도 반드시 손이 두 개 보이도록 되어 있지요.

VR 속의 팔은 체험자의 건강한 팔(모리 씨라면 오른팔)의 위치 정보를 반전시켜 다른 쪽 팔을 시각화한 것으로, 환지가 있는 쪽으로 손이 나오도록 설정해놓은 것입니다. 그러므로 좌우의 손가락은 대칭으로 움직입니다. 건강한 손으로 주먹을 쥐면 다른 쪽(있을 리 없는, 또는 마비되어 있는) 손도 보조를 맞추어 주먹을 쥡니다. 거꾸로 주먹을 펴면 반대쪽 손도 주먹을 펴지요. 건강한 팔, 어깨, 팔꿈치, 손목, 다섯 손가락의 움직임을 적외선 센서를 통해 계측하고 실시간으로 제시하기 때문에 움직임에 이질감을 느끼는 일이 없습니다.

나아가 당사자 한 사람 한 사람에게 맞추어 기능을 변경할 수도 있습니다. 팔이 짧다고 느끼기도 하는 등 환지의 위치는 사람마다 다르기 때문에 당사자 개인의 환지 위치에 맞추어 가상의 손이 나오도록 프로그램이 짜여 있습니다.

체험자는 자신이 느끼는 환지의 위치와 가상의 손이 어김없이 일치할 뿐 아니라 움직임도 동시적이기 때문에 의심할 여지 없이 '자신의' 손이라고 느낍니다. VR을 체험한 적 있는 사람은 실감할 수 있을지 모르겠는데, VR을 통하면 눈앞에 보이는 자신의 움직임과 연동해 움직이는 이미지를 자기 몸의 일부로 여기는 착각이 일어납니다.

원리는 이렇습니다. 일반적으로 우리의 시야에는 손이나 발, 코 같은 자기 몸의 일부가 보입니다. 그것들은 늘 시야의 구석에서 옴찔옴찔 움직입니다. 그런데 VR을 체험하는 동안에는 HMD를 쓰고 있기 때문에 몸의 일부가 시야에 들어오지 않습니다.

한편, VR을 체험하는 중이라고 해도 손이나 발을 움직이면 움직였다는 실감이 내부에 전해집니다. 그러면 내부의 감각과 일치해 움직이는 것 ― 그것이 앞쪽에 보이는 손이나 발치에 보이는 신발, 또는 고양이의 발이나 코끼리의 다리라고 해도 ― 을 자기 몸의 일부라고 착각하고 맙니다. 마치 자기가 아닌 것에 자기가 빙의하는 것처럼 말이지요.

헛통증 완화에 중요한 것도 바로 '가상의 손을 자기 손이라고 느끼는 감각'입니다. 손을 움직이려고 하면 정말로 손이 움직입니다. 이때가 가상공간에서 손이 '뇌의 신호'에 반응하는 순간입니다.

모리 씨는 이 순간을 '통전通電'이라고 부릅니다. 언제나 안개가 끼어 있는 것 같은 현실의 왼손이 가상의 왼손과 연결되어 움직일 수 있습니다. 그것은 '꼭 맞아떨어지는' 느낌이라고 합니다. "내 왼손은 엄지손가락과 집게손가락만 아직 촉각 신경이 살아 있어요. 그래서 현실의 왼손을 VR 화면 안의 왼손 위치까지 갖고 가면, 내 손의 감각과 꼭 맞아떨어져요."

다만 통전은 VR 공간을 엿본다고 금방 일어나지는 않는다고 합니다. 오랜만에 자전거를 탈 때 처음에는 과연 탈 수 있을지 불안하지만 실제로 안장에 앉아 페달을 밟아보면 몸이 요령을 곧바로 떠올릴 수 있습니다. 나는 '통전'이 이런 현상과 비슷하냐고 물었지만 모리 씨는 그렇지 않다고 대답했습니다.

왜냐하면 '통전'에는 시간이 몇 분은 걸리기 때문입니다. 몇몇 환자의 VR 체험에 참관한 적이 있는데, 이 상태에 들어가기까지 사람마다 각기 다른 '의례' 같은 것이 있더군요. 좌우 손가락을 차례로 맞추어가는 사람도 있고, 공중에 8자 선을 계속 그리는 사람도 있었습니다. 제각각 자신의 의례에 따라 통전의 순간을 기다리는 듯했습니다.*

양손의 감각을 떠올리다

그런데 흥미롭게도 '통전'은 단순히 가상의 왼손과 현실의 왼손이 이루어내는 공간적인 일치 감각에 머무는 것이 아닙니다. 여기에서 핵심은 다시 '양손의 느낌'으로 돌아갑니다. 모리 씨는 VR에 의해 왼손을 되찾는 것이 아닙니다. '양손의 느낌'을 되찾는 것입니다.

모리 씨는 이렇게 말하더군요. "'우와, 양손이 움직이는구나!' 하는 느낌이에요." 그것은 최초의 VR 체험 때 금방 느껴졌다고 합니다. "단번에 이어진 느낌이었어요. 아, 이런 거구나! 정말 '양손의 느낌'이었어요."

예전에 양손이 있었을 때 왼손과 오른손이 연동해 움직이던 감각을 말하는 것이지요. 아까도 말했지만 이노마타 씨가 개발

---

* VR에 의한 헛통증 완화 효과는 현시점에 모든 사람에게 나타나는 것은 아닙니다. 이노마타 씨에 따르면, "환지를 잊어버리려고 하는 환자들은 훈련으로 환지를 움직이려고 하면 환지가 마구 움직여 통증이 발생하기 때문에 도리어 고통스럽다"고 합니다.

하는 VR 시스템에서는 왼손과 오른손이 대칭으로 움직입니다. 이것을 이용해 양손이 협력하는 동작을 할 수 있습니다. 이를테면 가상공간 안으로 굴러온 공을 줍거나 장난감 조각을 옮기거나 물을 뜨는 동작 등 양손이 협력해 움직이는 동작을 실시하면 '양손의 느낌'이 한층 더 강해진다고 합니다.

에피소드 7에서 가와무라 씨가 이야기한 대로, 선천적으로 외손인 사람에게는 '양손'이라는 감각이 아예 없습니다. 그렇지만 원래 양손을 사용했던 모리 씨에게는 '양손'의 기억이 있습니다.

왼손을 잃었다는 것은 왼손과 오른손이라는 두 개의 손이 연동해 움직이는 감각을 잃었다는 것을 의미합니다. 물리적인 물체로서 손이 있었다는 기억이 아니라 손이 어떻게 움직였던가 하는 운동의 기억 말입니다. VR을 통해 헛통증에 시달리는 당사자들은 운동의 기억을 되찾습니다.

"우리는 '추억 체험'이라고 불러요. VR은 근육 트레이닝이라기보다 예전에 가능했던 움직임을 재현해주니까요. 예를 들어 세수를 할 때 예전에는 물을 양손으로 떠서 씻었지만 외손이 되고 나서는 더는 그럴 수 없잖아요. 예전에 가능했던 동작에 대한 그리움을 통해 VR에 친근감을 느끼고, 체험은 장애물 없이 순조롭게 뇌로 들어갑니다."*

* hppts://wrap-vr.com/archives/29804

양손의 느낌이란 단순히 '양손이 있었다'는 기억이 아니라 '양손이 연동해 움직였다'는 기억이라는 점이 중요합니다. 모리 씨는 양손의 연동 감각을 회복함으로써 환지를 느끼는 방식 자체에 변화를 일으켰다고 합니다.

한마디로 그것은 '손가락을 발견하는' 감각을 가리킵니다. 평소에는 '심각한 통증의 덩어리'로 느꼈던 환지가 손가락 하나하나로 분해되었습니다. 모리 씨의 말을 옮기면 이렇습니다. "감각적으로는 보통 어마어마한 고통입니다. 거대한 프레스 기계에 끼어버린 것 같은 고통이요. 그렇게 어마어마한 통증이 VR에 의해 손가락 하나하나로 분해되어 '손가락'이 되어가는 느낌으로 변화합니다. 채 10분도 되지 않아 손가락이 하나하나 들어갑니다. 팔은 감각이 남아 있어서 아프지 않아요. 실제로 손가락은 움직이지 않지만 움직이는 감각이 느껴집니다." 모리 씨는 통증이 손가락이 된다고 말합니다. 이때 그를 24시간 괴롭히던 통증이 사라지고 무통 상태가 찾아왔던 것입니다.

아까 선행 연구를 통해 '환지가 움직일수록 헛통증이 적다'는 사실이 알려져 있다고 언급한 바 있습니다. 나는 뇌과학 전문의가 아니기 때문에 외부의 입장에서 관찰했을 뿐이지만, VR 공간 안에서 팔이 움직이는 경험을 통해 모리 씨의 헛통증이 일시적으로 없어지는 것을 짐작할 수 있습니다. '움직임의 기억'이 헛통증 완화의 핵심입니다.

텔레비전 화면 한가운데 하얀 손

모리 씨는 거의 30년 만에 무통 상태를 경험했습니다. 그렇지만 HMD를 쓴 채로 늘 생활할 수는 없습니다. VR은 몰입하는 경험이기 때문에 몇십 분이나 지속하면 녹초가 되어버립니다.

HMD를 벗으면 얼마 동안은 무통 상태가 지속됩니다. 하지만 대부분 몇 시간이나 며칠이 지나면 통증이 다시 살아납니다. 이전에 다른 환자가 VR을 끝내자마자 "아프지 않을 때 술을 마시러 가야겠어요" 하고 KIDS 사무실을 뛰쳐나가는 모습을 인상적으로 본 적이 있습니다.

본질적으로 통증이 부활한다고 해도 전보다 약해지는 경우도 많기 때문에 반복적인 VR 체험을 통해 지속적인 통증 완화 효과를 기대하고 있습니다. 격주마다 열리는 VR 체험 모임인 '환지통 교류회'에 매번 빠지지 않고 참여하는 환자도 있습니다.

모리 씨는 도쿄에서 멀리 떨어진 곳에 거주하는 탓에 지속적으로 치료를 받기 어려웠습니다. VR을 사용하지 않고 어떻게 효과를 지속시킬까? 모리 씨는 다시 한번 기억을 둘러싼 새로운 연구에 착수했습니다.

VR로 체험한 '통전'의 감각을 어떻게 되살리느냐가 관건입니다. 그러기 위해서는 무엇보다도 머릿속에 가상공간 안에서 움직이던 하얀 손의 동작을 재현할 필요가 있습니다. 애초에 하얀 손은 일상적으로도 기억의 기초로 삼아 훈련할 수 있도록, 그러니까 최대한 떠올리기 쉬운 기억으로 남도록 단순한 형태를 차용한 것입니다.

하얀 손을 떠올리기 쉽도록 하려는 모리 씨의 시도는 VR 체험 중에 이루어졌습니다. 통전이 일어날 때마다 모리 씨는 귓가에 손가락을 튕겨 소리를 냈는데, 결과적으로 이 행위는 별 효과가 없었던 듯하지만 여하튼 시각만이 아니라 청각으로도 기억하려는 실험이었습니다. 모리 씨는 아이디어가 떠오르는 대로 시행착오를 두려워하지 않고 착실하게 실험을 진행해보고 있습니다.

'통전' 감각에 이르기 위한 동인은 비단 하얀 손의 외관 이미지뿐만이 아닙니다. 시각적 기억뿐 아니라 하얀 손을 움직일 때 느낀 폭신한 감각 등 세부 구조까지 꼼꼼하게 생각해내야 합니다. "(양갱 같은) 재질이나 모양의 디테일을 손가락 끝부터 손목까지 순서대로 차례차례 떠올린답니다." '보는' 듯이 아니라 '느끼는' 듯이 떠올린다고 해야 할까요. 과거의 경험을 영상으로 떠올리는 것이 아니라 주관적으로 오감으로 재생하듯 떠올리는 방식입니다.

하얀 손의 움직임을 떠올리면서 모리 씨는 VR 체험 때와 마찬가지로 건강한 오른손을 움직입니다. 현실의 오른손 움직임과 연동해 기억=가상의 양손이 움직이는 상태입니다.

이 과정이 순조로우면 기억만으로도 '통전'이 제대로 일어납니다. 모리 씨는 하루에 10시간 이상 이런 훈련에 임한다고 합니다. 통전만 일어난다면 통증을 완화시킬 수 있기 때문입니다. 그것만이 유일하게 육체적인 고통에서 멀어질 수 있는 방법입니다. "집에 있을 때는 고통스럽다는 생각에 사로잡히기보다 일어나서 계속 손을 움직이는 훈련에 매진합니다. 스포츠 만화에 나오는 호시 휴마星飛雄馬* 못지않게 줄곧 훈련에 매진하고 있어요."

보통 사람들이 편하게 쉬면서 텔레비전 드라마를 보는 시간에도 모리 씨는 하얀 손과 함께 오른손을 움직인다고 합니다. 드라마를 보면서도 손을 움직일 수 있다는 것은 하얀 손의 기억이 더는 노력해서 떠올리는 대상이 아니라는 뜻입니다. "텔레비전 화면 한가운데서 하얀 손이 움직이고 있으니까요."

의식적으로 떠올리는 것이 아니라 손에 늘 의식이 가 있다고 하는 편이 적당할 듯싶습니다. 모리 씨는 의식과 무의식의 경계를 모색하는 듯한 연구와 훈련에 혼자서 계속 집중하고 있습니다.

---

* 야구 만화이자 애니메이션 『거인의 별(巨人の星)』에 나오는 주인공으로 왼손으로 던지고 좌타석에서 치는 인물이다. ─ 역주

가상의 손 이미지를 교체했다

모리 씨는 기억 속에서 손을 움직이는 동작을 훈련하고 있습니다. 그런데 처음으로 VR을 체험했을 때는 한 달 만에 시각적인 기억이 희미해지고 말았다고 합니다.

그래서 어떻게 되었을까요? 모리 씨는 새로운 방법을 고안해냈습니다. 기억 속의 손을 떠올리려고 억지로 애쓰는 일을 그만두고 다른 이미지로 갈아탔다고 합니다. 모리 씨가 갈아탄 손의 이미지는 영화 〈스타워즈〉에 나오는 스톰트루퍼stormtrooper*의 손이었습니다. 최초의 기억과는 다르지만 영화에서 몇 번이나 봤기 때문에 이미지를 선명하게 떠올릴 수 있습니다.

예상한 대로 이 시도는 성공적이었습니다. "VR 안의 하얀 손을 루크 스카이워커Luke Skywalker가 장착하던 손으로 바꾸어버렸어요. 이게 훨씬 더 멋지잖아요. 그랬더니 척척 반응해주더라고요."

모리 씨는 머릿속으로 자기 몸에서 스톰트루퍼의 손이 뻗어나간다고 상상하면서 계속 오른손을 움직였습니다. 이 과정은 순조로웠지만 좀 우스운 부작용이 나타났습니다. 그다음 VR을 체험할 때 모리 씨는 가상공간 안의 손이 스톰트루퍼가 아

---

* 미국의 SF 영화 〈스타워즈〉 시리즈에 등장하는 은하제국 군대의 기동 보병을 가리킨다. ― 역주

니라서 거북함을 느꼈던 것입니다. "아 참, 이 손은 스톰트루퍼가 아니었지 하는 생각이 들어서 다시 적응하는 데 시간이 좀 걸렸어요."

아무도 걸어본 적 없는 길

현재 모리 씨는 두 번째 VR 체험을 끝내고, 더욱 확실하게 기억을 정착시키기 위해 연구와 훈련을 독자적으로 수행하고 있습니다. 앞으로 모리 씨의 헛통증은 어떻게 될까요? VR에 의한 헛통증 완화 시도, 임상적 응용은 이제 막 시작했을 뿐 아직 전례가 거의 없습니다. 말 그대로 모리 씨는 길 없는 길을 걸어가고 있는 듯합니다.

모리 씨는 이렇게 이야기합니다. "여러분은 손을 움직여야겠다고 생각하고 움직이지는 않지요?" 우리가 손을 움직일 때 일일이 손에 명령을 내리지 않는 것은 확실합니다. 의식하지 않아도 저절로 손이 움직입니다.

모리 씨는 매일 10시간 이상 훈련하면서 '의식하지 않고도 움직이는' 상태에 근접하는 것을 목표로 삼았다고 합니다. 말을 바꾸면 '텔레비전 화면 한가운데에서 하얀 손이 움직이고 있는' 상태를 당연한 상태로 만들려는 것입니다. 그것은 기억을 통해 기억의 욱신거림이라고도 할 수 있는 헛통증을 다시 써나가는 작업입니다.

　예를 들어 서두에 서술했듯 모리 씨는 매일 아침 독경을 합니다. 물론 처음에 이것은 의식적인 행위였습니다. 내용을 외우고, 베껴 쓰고, 의미를 이해하는 등 경전에 익숙해질 때까지 시간과 노력을 들여 몸으로 체득하는 단계를 거쳐야 했습니다. 그렇지만 지금은 특별히 의식하지 않아도 독경에 임할 수 있습니다. 일부러 애쓰지 않아도 그냥 '짬이 나는 대로' 독경이 가능해진 것입니다. "경전을 외는 동안 다른 일을 생각할 수 있어요. 독경은 다른 영역으로 보내고 '오늘은 뭘 먹을까?' 같은 생각도 하지요."

　VR의 효과도 마찬가지 아니겠느냐고 모리 씨는 말합니다. 지금은 '떠올리고 반복하는' 훈련 단계지만, 어느 정도 익숙해지면 의식하지 않아도 하얀 손이 떠오르는 동시에 손이 움직이는 상태가 되지 않을까 기대하는 것입니다. 그리고 이렇게 자동화가 이루어지기 위해서는 오히려 '어떻게 효과를 차단하지 않을까?' 하는 문제가 중요하다는 생각이 들었다고 합니다.

　"언어가 침범하면 시각이 사라져버려요." 그렇다고 언어를 떠올리지 않으려고 애쓰면 이번에는 오히려 언어에 묶여버려 제대로 일이 진행되지 않습니다. "무언가 떠오르면 잠시 떠오르도록 내버려둔다고 할까요. 언어가 움직이면 '그래, 움직여라' 하고 놀게 놔두지요."

　의식하지 않는다는 것을 의식하는 일이 가장 어려운 문제입니다. 어떤 의미에서 그것은 모리 씨가 산에 들어갔을 때 지향한 '동물'과 같은 상태에 가까울지도 모릅니다. "더 이상 이렇게 고통스럽게 살 수는 없다는 부정적인 생각이든, 전혀 고통스럽지 않다는 긍정적인 생각이든, 일체 멈추는 것입니다. 아무것도 생각하지 않아요. 그래서 오로지 기계처럼 훈련만 하는 것이지요."

우리의 의식을 뛰어넘어 작용하는 기억과 몸의 관계를 새로 이어주는 일은 참으로 '짐승이 낸 특이한 길'일지도 모릅니다. 그런데도 모리 씨는 "연구를 하지 않으면 죽어버릴 것 같아요" 하고 말합니다. 모리 씨는 아무도 걸어본 적 없는 길을 손으로 더듬으면서 한 발 한 발 나아가고 있습니다.

VR과 독경은 얼핏 관계가 없어 보입니다. 그런데 모리 씨는 이 둘을 의식과 몸의 관계라는 심오한 차원에서 결부시키고 있으며 이 점이 아무래도 놀랍습니다. 실로 모리 씨만의 로컬 룰에 뿌리내린 폭넓은 연구의 결실입니다.

저마다의 고통과 체념의 힘

'재일조선인 3세' × '난치병'의 이중 소수자

정현환鄭堅桓 씨는 자신을 가리켜 이중 소수자double minority라고 말합니다. 재일조선인 3세로 태어난 그는 어릴 적부터 출신 때문에 집단 따돌림과 차별을 경험했고, 학교나 어른을 신뢰하기 힘든 환경에서 자랐습니다.

한편, 정현환 씨는 2006년 만성 염증성 탈수초성 다발성 신경병증chronic inflammatory demyelinating polyneuropathy, CIDP이라는 난치병에 걸렸습니다. CIDP는 만성 통증을 동반합니다. 처음에는 가족에게 차라리 발을 잘라달라고 부탁할 만큼 고통이 심했지만, 8년쯤 지나자 통증을 느끼는 방식이 달라지고 '몸이 드디어 자기 것이 되었다'고 합니다.

객관적으로 보면 정현환 씨는 다른 사람에 비해 이제까지 몇 배나 많은 괴로움을 경험해왔습니다. 그러나 오해를 무릅쓰고 말하건대, 정현환 씨와 함께 있으면 무척이나 낙관적인 기분이 듭니다. 그에게서는 무뢰한 같은 거친 분위기와 믿음직한 지도자 같은 따뜻함이 동시에 느껴지지요. 정현환 씨는 '나 같은 놈이 뭐……' 하고는 웃습니다. 그에게 학생을 대상으로 강연을 부탁한 적이 있었는데 다들 정현환 씨가 이야기하는 모습에 빠져들었습니다.

정현환 씨와 있으면 왜 낙관적인 기분이 들까요. 아마도 정현환 씨의 언어에는 친구들의 따돌림이라든지 발의 통증 등 개별적이고 구체적인 괴로움에 대처하는 수준을 넘어선 메시지가 있기 때문이 아닐까 합니다. 다시 말해 그의 언어에는 괴로움 자체와 맞선다는 것이 과연 어떤 것인지에 대한 본질적인 지혜가 담겨 있습니다.

정현환 씨는 '소수자'라는 언어를 즐겨 사용하는데, 이는 그가 어떤 커뮤니티에 직접 참여하고 그 활동을 통해 힘을 얻으면서 통찰을 키워나갔다는 것을 의미합니다. 자신의 아픔을 비단 혼자만의 개인적인 고통으로 떠안지 않는 대국적인 태도가 정현환 씨의 말 한 마디 한 마디를 통해 전해집니다.

실제로 정현환 씨에게 '재일조선인'과 '난치병'이라는 두 가지 소수자성은 서로 무관하지 않습니다. 불치병에 대처하는 방법을 탐색할 때 재일조선인 3세로서 생각하고 고민해온 것이 실마리를 제공해주었으니까요.

정현환 씨는 8년이라는 세월에 걸쳐 어떻게 자신의 몸을 되찾을 수 있었을까요? 우선은 CIDP라는 병과 그의 몸 상태에 대해 알아보기로 합시다.

저린 발, 가는 손

CIDP는 신경을 감싸고 있는 미엘린초myelin sheath라는 조직이 벗겨지는 난치병입니다. 일본에서는 환자 수가 2천 명쯤 됩니다(2008년 보고). 한번 걸렸다가 낫는 사람도 있고, 정현환 씨처럼 재발하는 사람도 있습니다.

정현환 씨에게 CIDP 증상이 나타난 것은 2006년이었습니다. 인터뷰 당시에는 이미 발병한 지 12년이 지난 시점이었지요. 정현환 씨는 예전에 간호사였고 부인은 현직 간호사이기 때문에 신체 조직이나 약의 종류에 대해 술술 막힘없이 설명해주었습니다. CIDP에 걸리면 미엘린초가 벗겨져 신경이 밖으로 드러나기 때문에 온몸의 말초 부분이 저립니다. 정현환 씨 경우에는 발이 심하게 저립니다. 언제나 욱신거리는 만성 통증에 시달린다고 합니다.

일반적으로 잠이 부족하면 눈꺼풀이 바르르 떨릴 때가 있는데, 정현환 씨에게는 이 현상이 일상적으로 일어납니다. "주위 사람은 눈치 채지 못해도 내 안에서는 바르르 떨린답니다." 지금은 둔감해졌지만 처음에는 어쩔 줄 몰라서 안절부절못하기도 했다고 합니다.

저리는 정도가 가장 심한 부위는 발이지만 손과 얼굴도 어렴풋이 저립니다. 안면 마비가 있기 때문에 커다란 사탕을 입속에 물고 있을 수 없습니다. 한번은 여름철에 얼음을 녹여 먹으려고 물고 있다가 얼음이 목구멍으로 넘어가는 바람에 목구멍이 막혀버리는 줄 알았다고 합니다.

그의 증상은 저림으로 인한 통증에 더해 근육의 쇠퇴가 특징적입니다. 악력이 아주 약해서 현재 오른손 악력이 20킬로그램, 왼손이 13킬로그램밖에 되지 않습니다. 성인 남성의 표준 악력 45~50킬로그램에 비하면 절반에도 못 미치는 셈입니다.

정현환 씨가 처음으로 병원을 찾은 이유도 손의 근육이 약해졌기 때문입니다. 간호사로 근무하려면 주사를 놓아야 하는데, 손가락으로 윗부분을 깨뜨려 주사약 용기를 여는 행동이 불가능해지거나 펜을 들고 글씨를 적을 수 없는 등 여러 가지 이상 증세가 나타나기 시작했던 것입니다. 몸이 쉽게 피로해졌지만 마침 근무처를 막 옮긴 참이라 무리해서 일했다고 합니다.

그러던 어느 날 선임 간호사가 정현환 씨 손을 잡고는 "이 손, 이상해요. 근육이 가늘어요" 하고 말했습니다. 한번 신경과에 가보는 것이 좋겠다는 말을 듣고 진찰을 받았더니 힘줄 반사*가 일체 없었습니다. 그래서 즉각 입원해 여러 가지 검사를

---

* 근육이 기계적 자극에 의해 반사적으로 수축하는 현상. — 역주

받아본 결과 CIDP라는 확정 진단을 받았습니다.

샌드위치가 날아가버리다

CIDP는 신경에 생기는 병이기 때문에 몸을 생각처럼 제어할 수 없는 일이 일어납니다. 힘을 주려고 해도 힘을 줄 수 없고, 원래 하고자 한 일과 다른 일을 몸이 저질러버립니다. 정현환 씨는 나와 처음 만나던 날, 예전에 내가 쓴 책 제목을 빌려서 "내 몸도 말더듬이 몸이에요" 하고 자신을 소개했습니다.*

예를 들어 정현환 씨는 지퍼백을 열지 못합니다. 병원에 입원해 있는 동안 친구가 불꽃놀이에 데려가주었고, 그때 먹을거리를 지퍼백에 넣어 갔는데 그는 그 봉지를 열 수 없었습니다. "잡아당기려고 했지만 근질근질하고 전혀 힘이 들어가지 않았어요. '이게 웬일이지?' 하고 당황했어요."

차를 마시려고 하면 눈앞에 놓인 컵을 들어 올리기 위해 우선 손을 뻗어야 하지만 정현환 씨는 컵에 닿기 직전에 손이 벌벌 떨려서 컵에 손을 갖다 댈 수 없습니다. "세밀한 미세 조정이 불가능해요. 난 내 자신을 곤약 인간이라고 부른답니다. 천방지축 마구 날뛰거든요."

* 『말 더듬는 몸(どもる体)』(医学書院, 2018년).

나아가 샌드위치나 햄버거를 먹으려고 입으로 가까이 가져가면 '날아가버린다'고 합니다. "샌드위치나 햄버거는 손으로 꽉 눌러서 단단하게 붙잡아야 먹을 수 있잖아요. 그렇게 하지 않으면 날뛰려는 듯 손에서 튕겨나가요. 빵이 푹신하니까 손이 멋대로 움직여서 날아가버리는 거예요."

대다수 사람들은 별 노력을 하지 않아도 아무렇지 않게 샌드위치나 햄버거를 먹을 수 있지만, 정현환 씨의 이야기를 들으면 생각보다 샌드위치나 햄버거를 먹는 동작은 꽤나 정교하다는 생각이 듭니다. 빵은 부드럽습니다. 한편 빵 사이에는 내용물을 비어져 나올까 무서울 정도로 잔뜩 끼워 넣어야 합니다. 한마디로 '푹신하고 부드럽기만 한 것으로 단단히 꽉 붙잡아야 하는' 모순을 실행해야 합니다.

가능한 일과 가능하지 않은 일 사이에 규칙성이 없다는 것도 정현환 씨 몸의 특징입니다. 양팔을 위로 들어 만세 동작은 할 수는 있지만 들어 올린 팔을 그대로 내리는 일은 못 합니다. 그런데 오른쪽이든 왼쪽이든 팔 한 쪽씩 동작을 시행하면 무난하게 팔을 내릴 수 있습니다.

또한 오른손은 젓가락을 쥐는 데는 문제가 없지만 숟가락을 들면 손 떨림이 심해져서 숟가락질을 할 수 없습니다. 한편, 왼손은 젓가락과 숟가락을 문제없이 사용할 수 있습니다. 왼쪽과 오른쪽, 원심적인 움직임과 구심적인 움직임 등 다양한 조건에 따라 정현환 씨의 몸은 다르게 반응합니다. 가능한 일과 가능하지 않은 일을 구분하기가 매우 복잡합니다.

다른 사람과 무언가를 함께하는 상황에서도 몸이 말을 듣지 않을 때가 있습니다. 예컨대 휴지를 건네주려고 집어 드는 것까지는 무난한데, 막상 상대방에게 휴지를 전해주려고 하면 손이 휴지에서 떨어지지 않는다고 합니다. 또한 돈을 지불할 때도 동전을 집을 수 없다고 합니다. "때로는 가게의 점원이 깜짝 놀라는 바람에 돈을 내는 일도 어렵고 거스름돈을 받는 일도 어렵지요."

동네에서 다른 사람과 스쳐 지나가는 것도 큰일입니다. 피해 가려고 하면 거꾸로 바싹 붙고 맙니다. "서로 닿는 둥 마는 둥 가까워지는 상태가 되면 갑자기 몸이 난폭하게 움직입니다. 가볍게 지나쳤을 뿐인데 마치 자석의 S극과 N극처럼 사람에게 확 끌어당겨지고 말지요." 정현환 씨는 평소에 지팡이를 짚고 다닙니다. 그러나 지팡이는 체중을 지탱하기 위해서라기보다 몸이 갑자기 쏠리는 것을 막거나 주위 사람에게 장애가 있음을 알리기 위한 용도라고 합니다.

의식하지 않는 기술

정현환 씨의 몸은 필요 이상으로 부드러워지거나 딱딱해집니다. 어떤 면에서 말더듬이와 비슷합니다.

몸이 부드러워지는 것은 말더듬이의 연발連發이라는 증상과 닮아 있습니다. 연발이란 '다다다다다달걀'과 같이 같은 음을 반복하는 증상입니다. '다'를 발성하는 발성기관의 위치에서 '걀'의 위치로 이행하지 못하고 공전idling이 발생하는 상태입니다. 연발은 '테두리가 벗겨지는 느낌', '미끄러지는 느낌'이라고 당사자는 말합니다.

한편, 몸이 딱딱해지는 상태는 난발難發이라는 증상과 비슷합니다. 난발은 몸이 얼어붙어서 첫소리가 나오지 않는 상태입니다. 온몸이 긴장해서 숨이 멈춰버리기 때문에 돌이나 얼음처럼 몸이 차가워지는 듯하다고 당사자는 말합니다.

물론 CIDP와 말더듬이는 전혀 다릅니다. 그렇지만 자기 몸의 상태가 사물(언어)나 타자에게 민감하게 영향을 받는다는 공통점이 있습니다. 양쪽 다 사물이나 타자 쪽으로 끌어당겨지기 쉬운 몸입니다. 끌어당겨지지 않으려면 어떻게 하면 좋을까요? 이에 대한 대처 방법도 말더듬이와 통하는 부분이 있습니다.

중요한 것은 '딴 데로 몸을 돌리는' 것입니다. 난발 상태가 되었을 때 말더듬이 당사자 대부분은 '말 바꾸기'를 시도합니다. 다시 말해 비슷한 의미의 다른 단어로 바꾸어 말하는 것이지요. '비행기'를 말할 수 없을 것 같으면 '항공기'라고 말해봅니다. 그러면 대체로 말이 술술 나옵니다. '비행기'라고 말하려는 상태로부터 '딴 데로 몸을 돌리는' 것입니다.

의식적으로 준비하면 오히려 행위가 제대로 이루어지지 못합니다. 정현환 씨도 마찬가지이기 때문에 예컨대 물건을 집으려고 할 때 될수록 의식하지 않고 집으려고 합니다. 생각하지 않고 슬쩍 집습니다. "머릿속에서 지시를 내리면 멈추어버리기 때문에 '딴 데로 몸을 돌리는' 방법을 썼다고 생각해요."

그래도 의식이 발동해버리기도 합니다. 그럴 때는 대상을 '보지 않는' 것이 효과적이라고 합니다. 집으려고 하는 물건, 예를 들어 컵의 위치를 한번 확인하고는 컵에서 시선을 거둔 다음 손을 뻗치면, 몸이 함부로 날뛰는 일 없이 컵을 집어 올릴 수 있다고 합니다. 익숙하지 않은 동작이라면 대상을 '보는 편이 편할' 것처럼 여겨지지만, 오히려 대상을 '보지 않는 편이 편한' 것입니다.

우리는 일반적으로 운동하면서 대상을 보고 실시간으로 미세 조정을 시도합니다. 그렇기 때문에 흰 선을 따라 달리거나 곡선이 구부러진 정도에 맞게 방향을 틀 수 있습니다. 그러나 정현환 씨는 반대로 대상을 보지 않으면 들어오는 정보의 양이 제한되어 운동을 조정해야 한다는 부담이 적어지고, 그 결과 순조롭게 행동할 수 있는 것이 아닐까 추측합니다.

다른 사람과 상호적으로 행위가 이루어질 때는 '주도권을 남에게 넘겨주는' 것도 꽤 괜찮은 방식입니다. 이를테면 아까 휴지를 건네는 장면에서 '건네주자, 건네주자' 하고 자신이 행위의 주도권을 쥐고 동작을 조정하는 상태에서는 의식이 과하게 발동해 제대로 건네줄 수 없습니다. 그렇지만 상대가 손을 내밀어 받아주면 아무런 문제없이 척 건네줄 수 있습니다.

자기가 주도권을 쥐고 있으면 일이 잘 풀리지 않지만, 상대방의 행위 문맥에 자신이 올라타는 상태라면 일이 잘 풀리는 것입니다. 말더듬이 장애가 있는 사람이 리듬에 몸을 맡기면 별 탈 없이 말하는 것과 비슷합니다.

여름에는 장작불, 겨울에는 바늘

이러한 복잡한 운동 장애와 더불어 정현환 씨의 몸은 만성 통증에 시달린다는 특징이 있습니다. 특히 통증이 심한 곳은 발입니다. 통증은 계절에 따라 양상이 변합니다. "여름철에는 피워놓은 장작불에 발을 계속 내밀고 있는 느낌입니다." 때로는 붙는 느낌도 듭니다. "곰 같은 발이 되지는 않을까 해서 처음에는 자주 확인했어요."

이와 대조적으로 겨울철에는 바늘에 찔리는 듯 아프다고 합니다. 발톱과 피부 사이를 '바늘로 쿡쿡 쑤시는 것' 같습니다. "발가락이 하나같이 쿡쿡 쑤십니다. 전기가 통하는 것 같지요. 걸으려고 발을 내디디면 통증이 온몸으로 퍼져나갑니다." 여름에는 장작불, 겨울에는 바늘이라고 표현한 것은 혈류의 변화에 따라 통증이 달라지기 때문입니다.

헛통증이 있는 당사자와 이야기를 나누어보면 언제나 느낍니다만, 통증을 표현하는 언어는 개인마다 현격하게 다릅니다. 이야기를 듣고 있으면 어쩐지 내 몸에도 통증이 전해지는 기분이 듭니다. 물론 착각에 지나지 않지만요. 통증의 경험은 본질적으로 개인적입니다. 아무리 화려한 언어 잔치를 벌인다고 해도 통증이 몸 바깥으로 나가주지는 않습니다. 이것은 통증에 관한 인터뷰를 해오면서 늘 부딪치는 딜레마입니다.

정현환 씨의 발 통증은 발병하고 나서 얼마 동안 약간의 변화가 있었지만 통증 자체가 약해지는 일은 없었습니다. 밤에는 괴로워서 잠을 못 이루었지요. 약효도 전혀 듣지 않았습니다.

한순간일지언정 통증에서 자유로워질 방법이 없었습니다. 어디에도 출구가 보이지 않는 절망적인 상황이었지요. 병 자체의 근본적인 치료법을 찾지 못하면 언젠가는 해방될 거라는 희망도 품을 수 없습니다. "저리고 쑤시는 고통이 평생 따라다닐 거라고 생각하면 쾅하고 폭발할 것 같았습니다."

지푸라기에라도 매달리고 싶은 기분이었지만 희망은 없었습니다. 그때를 정현환 씨는 이렇게 회고합니다. "이 고통을 피할 수 있는 방법이 죽음뿐이라면 죽어도 상관없다고 생각한 적도 있어요." 특히 밤에 잠을 이루지 못하는 것이 고통스러워서 가족을 깨워 '내 다리를 잘라달라'고 부탁한 적도 있다고 합니다. 무조건 아프지 않았으면 좋겠다는 마음 하나뿐이었겠지요. 출구를 찾아 몸부림을 치는 동안 가족에게 심하게 굴었고 대화도 줄어들었습니다.

이것은 내가 아니다

병이 나고 얼마 동안 이어진 통증의 시기에 정현환 씨와 그의 몸 사이에는 상당한 거리가 생겼습니다. "맨 처음에는 '이건 내가 아니야, 내 몸은 이렇지 않아'라고 생각했어요." 마음대로 되지 않는 몸을 자기 몸이라고 인정할 수 없었던 것입니다.

그 말은 즉, 예전에 건강했던 자신, 기억 속의 몸이야말로 진정한 자신의 몸이라고 여겼음을 드러내줍니다. 그렇기 때문에 끊임없이 과거의 몸을 기준으로 현재의 몸을 평가하는 의식이 작용했고, 현재의 몸을 '이건 내가 아니야' 하고 거부해버렸습니다.

이 책의 머리말에서 후천적 장애인 당사자의 몸이 이중화된다고 기술했습니다. 기억으로 소장하고 있는 과거의 비장애인이었던 몸과 장애를 안고 살아가는 현재의 몸이 하이브리드 상태로 현재의 경험을 성립시키고 있습니다.

이 시기에 정현환 씨는 이미 존재하지 않는 몸, 기억 속의 몸으로 현재를 살아가려고 했던 셈입니다. 현재 몸의 상태는 어디까지나 '예외'일 뿐 본래의 모습은 아니라는 생각이 당시 정현환 씨에게는 적어도 통증을 감당하기 위한 수단이었습니다.

마찬가지로 통증 이외의 운동 장애에 관해서도 과거의 몸으로 살아가려는 경향이 있었다고 합니다. "컵을 집으려는 움직임도 그렇다고 생각해요. 컵을 스스로 집을 수 있어야 하는데

집을 수 없으니까 내 몸이 아니라고 부인하고 현실을 인정하지 못했던 겁니다. 그때는 어지간히도 장애를 제대로 마주하지 못했어요. 과거로 되돌아가고 싶다는 마음뿐이었으니까요."

과거의 몸과 헤어지는 일은 결코 쉽지 않습니다. 과거의 몸에 바탕을 두고 현재의 몸을 평가하는 경향은 정현환 씨 같은 난치병 환자뿐 아니라 수많은 후천적 장애인에게서도 자연스레 볼 수 있습니다. 의수에 관해서도 선천적으로 손이 없는 사람과 후천적으로 손을 절단한 사람의 관점은 완연히 갈라집니다. 선천적으로 장애가 있는 사람은 장애의 상태가 '당연'하지만, 후천적 장애인은 자신의 변화가 '결손'일 따름입니다.

몸에서 빠져나올 수 없다

환지와 마찬가지로 정현환 씨의 질환에도 통증이 따라붙습니다. 통증이란 본질적으로 자기 몸의 윤곽을 둘러싼 현상입니다. '어디까지가 내 몸이지?' 하고 의아해하는 경계에서 통증이 발생하니까요. 다른 식으로 표현하면, 아플 때 내 몸의 경계는 혼란스러워집니다. 따라서 정현환 씨는 통증이 있으면 자기 몸을 자기 몸이 아니라고 느낍니다.

통증은 타인과 공유할 수 없습니다. 오로지 나에게만 속한 것입니다. 다른 한편으로 통증은 나의 경계를 혼란시킵니다.

표상문화론 전공자인 하시모토 가즈미치橋本一径는 통증과 내가 맺는 모순된 관계에 대해 논했습니다. "통증이라는 '타자성'을 안으로 품어 안을 때 신체는 비로소 나의 일부가 된다."* 한마디로 통증은 내가 아니기 때문에 몸을 내 것으로 만들어준다고 말하고 있습니다.

이 말은 도대체 무슨 뜻일까요? 하시모토는 미국 정신과 의사 알렌 프란세스Allen J. Frances와 레너드 게일Leonard Gail이 연구한 18세 선천성 무통증자 소년의 언어를 참조했습니다. 두 사람의 보고에 따르면 그 소년은 자기 몸을 '아무나 타도 상관없는 자동차' 같다고 느꼈습니다. 자기의 팔다리는 '도구' 같을 뿐 자신의 일부로 생각할 수는 없었다고 합니다.

이것을 바탕으로 하시모토는 이렇게 논합니다. "통증이 있기 때문에 몸은 내 일부가 되는 것이다. 통증이 없다면 내 몸은 '자동차'나 '도구' 같은 소유물과 다를 바 없다. 하지만 통증이란 내 의지와 관계없이 찾아오는, 내 뜻대로 되지 않는, 나를 초월한 무엇이다. 소유물처럼 내가 원하는 대로 사용할 수 있는 것은 오히려 통증이 없는 몸이다."**

통증은 내 마음대로 되지 않습니다. 아플 때 우리는 자기 몸

* 橋本一径, 「인간은 언제부터 병에 걸렸을까 ─ 마음과 몸의 사상사(人間はいつから病気になったのか ─ こころとからだの思想史)」, 『*Cancer Board Square*』, 医学書院, 2017, 3권, p.154.
** 위의 논문.

이 '어디론가 끌려간' 듯 느낍니다. 그렇지만 애초부터 몸이란 어디론가 '끌려가고' 있는 것입니다. 자기 생각대로 조정하거나 구사할 수 있는 것은 몸이 아닙니다. 몸이란 본래적으로 자기 자신이 전부 알 수 없습니다. 나는 몸에서 빠져나올 수 없습니다. 그것이 살아간다는 것입니다.

정현환 씨가 말하는 '이건 내가 아니야' 하는 감각도 몸에서 절대로 빠져나올 수 없다는 점과 표리일체를 이룰 따름입니다. 만성적인 통증 속에서 '이 몸이 나의 것'이라는 진실과 '내 것이 아니라는' 또 하나의 진실이 동시에 부딪쳤습니다. 그동안은 과거와 현재, 의지와 미지 사이에서 몸과 나의 관계를 다시 정립하는 데 필요한 시간이었던 셈입니다.

이미 아픔은 나누어 가지고 있다

증상이 나타나고 나서 8년이 지났을 무렵부터 정현환 씨와 몸 사이의 거리감에 변화가 생기기 시작했습니다. 통증을 느끼는 방식이 달라진 것입니다.

"증상 자체는 변하지 않았어요. 하지만 내 자신이 달라졌지요." 결국 예전처럼 통증을 느끼지 않게 되었습니다. 아픔이 사라진 것이 아닙니다. 병 자체가 나은 것이 아니기 때문에 생리적인 증상 자체도 누그러들지 않았습니다. 다만 의미가 바뀌었고, '둔감해졌다'고 합니다.

정현환 씨는 사람들 앞에서 이야기할 기회를 얻은 것이 변화의 계기가 되어주었다고 합니다. 학교 등지에서 강연을 통해 병을 앓는 경험을 이야기하는 동안 이전보다 통증에 신경이 덜 쓰였다고 합니다.

그런데 통증을 대하는 느낌이 달라진 까닭이 강연을 통해 사람들에게 이해받는 경험이 늘어났기 때문이 아니라는 점이 흥미롭습니다. 앞에서 말했지만 통증은 원래 지극히 개인적인 경험입니다. 어떤 사람의 통증을 다른 사람이 똑같이 느낄 수는 없는 노릇이지요.

'아픔은 고독하다'고 정현환 씨는 말합니다. "통증은 굉장한 고독을 동반하지요. 날이 갈수록 '어차피 네가 내 고통을 어떻게 알겠어?' 하는 생각이 들더군요. 유독 나만 아픔을 떠안고 괴로워한다고 느꼈어요." 이해받고 싶다는 마음이 강하면 강할수록 왜 이해하지 못하느냐며 남을 추궁하기 쉽고, 그러면 본인이나 주위 사람이 더욱 고통에 빠져듭니다.

정현환 씨가 통증을 다르게 받아들이기 시작한 배경에는 역설적으로 '이미 고통을 나누어 가지고 있다'는 깨달음이 깔려 있었습니다. 강연을 기회 삼아 자기 자신과 자기가 처한 환경을 되돌아보는 동안 그는 아픔을 떠안고 있는 사람은 본인만이 아니라는 사실을 깨달았습니다.

가족에게 시선을 돌려보았더니 아이는 도벽을 고치지 못했고, 부모에게 충분한 애정도 받지 못한 것 같았습니다. 정현환 씨는 아이의 문제가 곧 아이 나름대로 아픔을 느끼고 대처하려고 한다는 점을 드러내주는 것이 아닐까 생각했습니다.

"아이에게 도벽이 있더라고요. 그래서 나만 힘든 게 아니라는 것을 알게 되었지요. 가족 안에 무슨 변화가 생길 때면 모두들 각자 아픔을 견디면서, 사소하지만 나름대로 앞으로 나아가고 있다는 것을 여러모로 느꼈습니다. 그때 나만 괴롭다는 생각은 그저 한심할 뿐이라는 깨달음이 왔어요."

이 말은 바로 '나의 아픔'에서 '우리의 아픔'으로 나아갔다는 뜻입니다. 여기에서 아픔이 '함께 가지는 것(公有)'이 아니라 '나누어 가지는 것(分有)'이라는 점에 주의해야 합니다. 가족은 결코 정현환 씨의 아픔을 자기 것으로 이해하지 못합니다. 어디까지나 정현환 씨의 병과 관련해 자기에게 일어난 아픔을 안고 각자 살아가고 있습니다.

다시 말해 'our pain'이 아니라 'one's pain'이 서로 결부되어 'our'를 형성하는 상태입니다. 가족에게 일어난 병이라는 사건을 한 사람 한 사람이 각자의 방식으로 나누어 가지고 있습니다. 통증은 오직 자기만의 것일 수밖에 없다는 점을 인정하면서, 동시에 '내 것'이라는 인칭에서 해방된 관점으로 통증이라는 사건을 다시 파악해야 합니다. 아픔을 나누어 가진다는 발상은 정현환 씨가 재일조선인이라는 커뮤니티와 관여하면서 살아왔기 때문에 가능할 것입니다. 내가 내 몸을 받아들일 수 있는 까닭은 내 몸이 커뮤니티의 연쇄 안에 놓여 있기 때문입니다. 모순적인 듯하지만, 병에 관해서도 나누어 가진다는 발상이 정현환 씨에게 통증에 대한 둔감함을 가져다주었다고 볼 수 있습니다.

'헌신'도 아니고 '밀쳐내기'도 아닌

정현환 씨가 인식의 변화를 꾀할 수 있었던 것도 가족 관계가 좋았기 때문이라고 말합니다. 가족 관계가 '좋았다'는 말은 과도하게 헌신적이지 않았다는 뜻입니다.

정현환 씨가 밤중에 '내 발을 잘라달라'고 절규해도 부인은 별다른 대꾸를 하지 않았습니다. "괜찮아요? 그렇게 아파요?" 하며 말을 걸지도 않았고 열심히 마사지를 해주지도 않았다고 합니다. 그렇다고 차갑게 모른 척 밀쳐내지도 않았습니다. 정현환 씨가 아이를 심하게 대할 때는 나무라기도 했지만, 병을 이유로 책망하거나 설교하려 한 적은 없었다고 합니다.

가족이 '헌신'도 아니고 '밀쳐내기'도 아닌 방식으로 대해주었기 때문에 정현환 씨는 '자기 자신에게 질문을 던지는' 것 같았다고 합니다. "내가 한 말이 나한테 되돌아왔어요. '말은 그렇게 해도 저 사람은 저 사람대로 괴로운 일이 있을 텐데, 도대체 난 왜 모양일까?' 하고 말이지요."

정현환 씨가 감정적으로 폭발할 때 가족이 맞불을 놓듯 반응했다면, 그는 '자기만의' 통증에 갇혀버렸을 것입니다. 그렇지만 가족이 그의 고통을 남의 일처럼 여기고 '그럴 수도 있지' 정도로 반응했기 때문에 정현환 씨는 오히려 자신과 대화할 수 있었습니다. "내 자신에게 묻고 진지하게 몸과 대면하는 상황이 펼쳐졌습니다."

요컨대 '진지하게 몸과 대면한다'는 것은 과거의 몸으로 살아가는 것이 아니라 현재의 몸으로 살아간다는 의미입니다. "내 자신은 예전 상태로 돌아가려고 했지만, 가족은 '아니, 그건 무리일 거야' 하고 체념하고 있었습니다. 가족의 태도는 열심히 노력해서 사회에 복귀하라고 응원하는 것이 아니라 현재의 몸을 받아들이라는 메시지 같았습니다."

체념을 통해 구원받을 수도 있습니다. 정현환 씨는 병이 난 직후에 부인이 한 말이 좋은 의미에서 인상 깊었다고 회고합니다. 부인은 "병에 걸려서 다행이야" 하고 말했던 것입니다. 웬만해서는 입 밖으로 낼 수 없는 말이지만, 그 한마디는 정현환 씨가 겪어온 시간을 알기 때문에 나온 말이었습니다.

정현환 씨는 재일조선인 3세로서 고생하며 살아온 경험을 바탕으로 장애와 차별 문제에 관한 다양한 활동에 참여해왔습니다. 그런 경력이 있기 때문에 부인은 '다행이야'라고 말했던 거지요. 정현환 씨는 이렇게 이해합니다. "나라면 이런 일쯤은 극복해내야 하지 않겠느냐는 뜻이지요. 관록이 붙어서 다행이 아니냐고요."

그 말을 듣고 정현환 씨는 번민이 전부 날아간 것 같았다고 합니다. "이 일에도 어떤 의미가 있으니까 잘 생각해보라는 말이겠지요. 난 원래대로 돌아가고 싶다고만 생각했지만, 가족은 '병은 낫지 않아. 예전같이 회복하는 건 무리니까 그만 포기하고 받아들여' 하고 말해주는 듯했어요."

안심하고 절망하기

이렇게 은근한 체념의 힘을 통해 정현환 씨는 자기 몸을 되찾아갔습니다. "할 수 없는 일을 떠올리며 울적해하지 말고 지금 할 수 있는 일이 무엇인지 생각했더니, 이런저런 것이 달라지기 시작했고 바깥에도 나가기에 이르렀어요."

내가 정현환 씨와 만난 곳도 '바깥에서' 열리는 행사 자리였습니다. 내가 강사 자격으로 참가한 '고마바 당사자 칼리지こまば当事者カレッジ'*에 정현환 씨도 당사자로서 참가했거든요. 정현환 씨는 발병하기 전부터 차별 문제를 고민해왔는데, 우라카와 베텔의 집浦河べてるの家**의 이사를 역임한 무카이야치 이쿠요

---

* 이 행사는 도쿄대학 대학원 총합문화 연구과, 교양학부 부속 공생을 위한 국제철학연구 센터(UTCP), 우에히로(上廣) 공생철학 기부 연구부문('장애와 공생' 프로젝트)이 주최하고 있다. ─ 역주

시무코치야 쇼료向谷地生良 씨가 주장하는 당사자 연구라는 개념에 공감했다고 합니다.

당사자 연구란 본래 비슷한 장애나 고통을 겪고 있는 사람끼리 진행하는 경우가 많은데, '고마바 당사자 칼리지'에서는 다양한 유형의 장애를 가진 사람이 한자리에 모입니다. 정현환 씨는 그 편이 더 마음에 든다고 합니다. 예전에 환자 모임에 참여한 적이 있는데 제대로 자기 마음을 꺼내어놓을 수 없었다고 합니다.

"아내도 강연 때 자주 이야기하는데, '난치병 환자의 가족'이 아니라 그냥 '나 자신'으로 살아가고 싶은 거지요. 저도 처음에는 '병'에 걸렸다는 사실에 낙담했지만, 지금은 우선 '내'가 있고, 내가 병을 떠안고 있다는 마음가짐으로 대처하고 싶어요. 재일조선인이라는 처지도 있으니까 때로는 고민하는 주제가 병이 아닐 때도 있지요. 그럴 때는 환자 모임이 아니라 전혀 다른 장소, 예를 들면 '고마바 당사자 칼리지'처럼 다양한 사람이 모여드는 곳이 더 좋습니다."

한 사람 안에도 여러 고민들이 복잡하게 얽혀 있습니다. 따라서 누군가를 '○○ 당사자'라고만 고정시킬 수 없지요. 병이나 장애라는 이름표가 붙었다고 반드시 당사자인 것은 아닙니

** 1984년에 설립한 홋카이도 우라카와초(浦河町)에 위치한 정신장애인 등 당사자의 지역 활동 거점으로서 이곳에 살고 있는 당사자들에게 생활공동체, 직장공동체, 치료공동체라는 세 가지 성격을 띠고 있다. ―역주

다. "요구가 있을 때 비로소 누구나 당사자가 되는 것"*입니다.

몸도 그렇습니다. 특정한 병이나 장애만 몸이 느끼는 방식이나 몸을 사용하는 방식을 형성하는 것이 아닙니다. 출신, 취미, 직업, 살아온 사회적 환경이 어우러져 그 사람의 몸이 느끼는 방식이나 몸을 사용하는 방식을 형성합니다. 동일한 병이나 장애가 있다고 해도 로컬 룰은 제각각입니다.

그런데 통증을 느끼는 방식이 달라짐으로써 정현환 씨는 한층 더 심한 통증도 느끼게 되었다고 합니다. 두 종류의 저림을 동시에 느끼는 '저림 통증의 시간차 공격'이 일어난 것입니다. "저리고 아픈 상태로 오래 앉아 있으면 또 다른 통증이 생겨서 시간차를 두고 저리는 통증이 느껴집니다. 이미 저린데 더 저리는 거예요.(웃음)"

저마다 고통을 나누어 가지고 있다는 메커니즘을 이해함으로써 정현환 씨가 자기 몸에 일어나는 사건을 파악하는 방식은 뚜렷이 변했습니다. 좋은 의미로 남의 일처럼 된 것입니다. "이제는 내 몸이 재미있다고 대놓고 말할 수 있어요. 그럴 정도로 지금은 익숙해졌어요."

'이건 내가 아니라고' 부인하는 관계에서 자기 몸에 일어나는 일을 '남의 일처럼 재미있어하는' 관계로 전환이 일어난 것입니다. 거리를 둔다는 점에서 말로 표현하면 비슷해 보이기도

---

* 中西正司, 上野千鶴子, 『당사자 주권(当事者主権)』, 岩波新書, 2003, p.2.

하지만 본인의 입장에서 바라보면 정반대입니다. 그는 이 지점에 도달하기까지 8년이 걸렸습니다. 서두에서 소개한 정현환 씨의 낙관적인 성격은 이러한 내력이 빚어낸 것 같습니다.

다만 통증에 대한 둔감함이 몸을 속이는 것이 되어서는 안 된다고 정현환 씨는 말합니다. 괴로울 때는 참는 것이 아니라 깨끗이 포기하고 깊은 잠에 빠져들어야 합니다. 그렇게 할 수 있는 환경을 확보하는 일이 중요하지요. 정현환 씨가 친근함을 느끼는 무카이야치 이쿠요시 씨의 말을 빌린다면, '안심하고 절망할 수 있는 것'이 중요하다는 말입니다.

말더듬의 플래시백

듣기 좋은 말투

야나가와 타키柳川太希 씨는 라쿠고*처럼 듣기 좋은 억양으로 이야기합니다. 듣고 있노라면 느긋한 리듬에 자연스레 빠져들고 맙니다. 억양 하나하나가 마치 상대가 이야기를 잘 듣고 있는지 확인하는 듯합니다.

"생각을 많이 해요." 야나가와 씨는 이렇게 말합니다. "주고받는 대화가 잘 맞아야 나 자신도 마음 편하게 이야기할 수 있으니까요."

---

* 에도 시대부터 있었던 라쿠고(落語)는 골계적(滑稽的)인 소재나 인정담(人情談)을 1인 다역으로 소화해 재미있게 청중에게 들려주는 일본의 전통 예능이다. 인정담이란 시정을 무대로 부모 자식이나 부부의 사랑, 에도 토박이의 인정, 신분 차이로 인한 비련의 연애 등을 주로 다루는 이야기를 말한다. — 역주

야나가와 씨는 말더듬이 당사자입니다. 그렇기 때문에 자신이 어떻게 말을 해야 말을 잘할 수 있는지, 어떻게 해야 거북하지 않은지 늘 자각하고 있습니다. 대학원생이 된 지금은 일상 대화가 곤란하지 않을 만큼 술술 말할 수 있지만, 몇 년 전만 해도 그렇지 못했다고 합니다. 철이 든 때부터 말더듬 증상이 있었고, 다른 사람과 대화를 나눌 때 자신의 말더듬을 차마 화제로 올리지도 못했습니다.

지금은 자기 나름대로 '말하는 시스템'을 획득하고 스스로 말더듬이라고 남에게 털어놓을 수도 있습니다. 최근 몇 년간 야나가와 씨가 보인 변화는 아주 대단합니다. 오히려 '말을 잘하는 사람'이라는 인상조차 풍깁니다.

그런데 야나가와 씨는 다른 말더듬이 당사자와 관계를 맺는 데 거부감을 보입니다. 아무래도 두려움이 생기기 때문인데요, 그는 관계 맺기는커녕 만나는 것조차 불안하다고 합니다. 왜냐하면 트라우마를 재경험하게 될지도 모르기 때문이지요. "다른 말더듬이 당사자의 모습을 보는 것에 아직 저항을 느낍니다. 작년인가 올해부터 내 자신의 말더듬에 대해 정신적인 측면에서 겨우 한 단계 올라섰다는 판단이 들지만, 말 더듬는 사람을 봐도 과연 괜찮을지는 좀 걱정이 됩니다. 옛날의 내 모습과 겹쳐져서 플래시백 현상이 벌어지지 않을까 두렵거든요."

에피소드 9에 나온 정현환 씨는 자신의 고통을 타자와 나누어 가지고 있음을 깨닫고 통증을 느끼는 방식이 변했습니다만,

통증을 통해 타자와 관계를 맺는 일이 통증을 줄이기는커녕 늘리는 방향으로 작용하는 경우도 있습니다. 타자의 통증이 기폭제가 되어 자기 몸까지 아픈 것이지요. 마치 통증에 전염당하는 듯합니다.

타자의 몸에 의해 자기의 신체적 기억이 끌려나옵니다. 야나가와 씨의 불안이 의학적인 의미에서 플래시백인지 아닌지에 관해서는 따로 진단이 필요하지만, 통증의 경험이 있는 사람들은 원하지 않는 기억이 끌려나오는 것이 얼마나 두려운지 종종 이야기합니다.

기억이 끌려나오면 단지 '이런 일이 있었다'는 식으로 사건을 상기하는 데 머물지 않고 과거의 아픔을 현재형으로 생생하게 느끼고 맙니다. 현재에 존재하면서도 과거로 끌려 들어감으로써 몸이 과거 시제에서 빠져나오지 못합니다.

이러한 힘에 저항하는 일은 그리 쉽지 않습니다. 그렇기 때문에 야나가와 씨는 걱정합니다. 기억을 떠올릴 수 있다고 다 좋은 것이 아닙니다. 가능하면 과거를 떠올리지 않도록 마음을 써야 할 때도 있습니다.

보는 것조차 두렵다

이러한 경향은 야나가와 씨뿐 아니라 꽤 많은 말더듬이 당사자들에게 나타납니다. 그들은 '말 더듬는 사람을 보는 것이 무섭다'고 합니다.

2018년 여름에 말더듬이라는 장애를 다룬 〈시노 짱은 자기 이름을 말하지 못한다志乃ちゃんは自分の名前が言えない〉라는 영화가 만들어졌습니다. 말을 더듬는 여고생 오시마 시노가 주인공입니다. 고등학교에 들어간 시노는 자기소개를 할 때 이름도 제대로 말하지 못하는 바람에 일찌감치 학교생활에 빨간불이 켜지고 맙니다. 이 영화는 시노가 어떻게 소외 상태를 벗어나 친구를 사귀고 주위와의 갈등을 극복함으로써 자신의 길을 걷기 시작하는지 그려냅니다. 해변 마을을 배경으로 펼쳐지는 싱그러운 청춘 영화입니다.

이 영화는 말더듬이 당사자들 사이에서 화제를 불러일으켰는데 반응이 좀 복잡했습니다. 트위터에 올라온 반응을 살펴보면 이런 코멘트가 줄지었습니다.

"아, 시노 짱 개봉했구나! 보러 갈까…… 아냐, 무서워!"

"너무 공감돼서 보고 싶지 않은 레벨ㅋ"

보는 것이 무섭고, 그래서 영화를 보고 싶지 않다고 합니다. 영화 내용에는 관심이 있지만 실제로 보러 가는 일은 내키지 않는다는 당사자다운 모순된 의견이 엿보입니다. 적어도 트위터에서는 이런 목소리가 적잖이 드러났습니다. 개중에는 감상하기 전에 의지를 다지려는 듯 선언하는 사람도 있었습니다.

"저는 지금부터 무사시노 영화관에 가서 〈시노 짱은 자기 이름을 말하지 못한다〉를 보려고 해요. 솔직히 말해 내 안의 트라우마를 헤집어놓을 것 같아 두렵습니다. 보지 말자는 생각도 들었어요. 옛날만큼 말더듬 때문에 동요하지는 않지만, 이 영화를 보고 나면 예전의 내 모습을 되돌아보겠지요. 자, 그럼 다녀올게요."

자신의 콤플렉스나 괴로워하는 점을 파헤치고 싶지 않은 마음이 충분히 이해됩니다. 또는 자신이 당사자로서 겪고 있는 문제가 과연 예술 작품에 어떻게 그려지고 있는지 불안할 수도 있겠지요. 이런 일 자체는 말더듬뿐 아니라 다른 장애, 다른 콤플렉스에도 일어날 수 있습니다.

여기에서 '무섭다'는 표현이 흥미롭습니다. '불쾌함'이나 '혐오'가 아니라 '두렵다'는 감정이니까요. 영화 자체가 어떻다기보다는 영화를 보고 나서 자신에게 일어날지도 모르는 영향을 예상하고, 마치 자기 몸이 위협당하는 것 같은 공포를 느끼는 것입니다.

일인칭 대명사를 통일하다

야나가와 씨는 중학교, 고등학교 시절에 지금보다 말더듬 증상이 심각했습니다. 또한 스스로 이에 대해 언급하는 것은 물론, 남이 언급하는 것도 극도로 싫어했습니다. 부모님이 "말을 하지 않아도 되는 직업을 갖는 편이 좋지 않겠니?" 하셨을 때도 심하게 반항했다고 합니다.

그렇지만 대학에 들어가 갖가지 방법을 궁리한 결과 말더듬 상태가 가벼워졌을 뿐 아니라, 졸업논문이나 세미나를 통해 장애 문제를 공부하면서 자신의 장애와 어느 정도 거리를 취하기에 이르렀습니다. 야나가와 씨가 대학 시절에 강구한 방법은 정말이지 하나같이 흥미롭기만 합니다. 예를 들어 '일인칭 대명사를 통일하는' 방법도 그렇습니다.

야나가와 씨는 말하는 데 익숙해지기 위해 과격한 정치·경제 연구회를 비롯해 주로 술이나 마시며 노는 동아리에 이르기까지 온갖 학생 단체에 얼굴을 내밀었습니다. 그렇게 했더니 아무래도 다양한 캐릭터를 연출해야만 했고, 결과적으로 "내가 안정을 찾지 못하고 흔들리고 있다는 자각이 들 때가 있었다"고 합니다. 그때 불안정한 마음이 말더듬에도 부정적인 영향을 미쳤다고 야나가와 씨는 분석합니다.

그래서 야나가와 씨는 일인칭 대명사를 '와타시私'로 통일하기로 했습니다. 그때까지는 '보쿠僕', '오레俺', '와타쿠시私',

'지분自分'으로 구분해서 사용했지만, '나는'은 '와타시와'로, '내가'는 '와타시가'로 말하려고 했습니다.* 실제로는 때때로 '와타시' 말고 다른 일인칭 대명사를 사용한 적도 있지만, 기준점은 어디까지나 '와타시'에 두고 구사하려고 의식하고 있습니다.

왜냐하면 일인칭의 구분이야말로 캐릭터를 구분하는 근본이라고 생각했기 때문입니다. "선생님이나 선배와 이야기를 나눌 때는 말을 더더욱 더듬는 경향이 있었어요. 그래서 나 자신을 어떻게 지칭하느냐에 따라 내가 취하는 모드가 완연히 바뀌어버린다는 점을 발견해낼 수 있었지요. 그래서 일인칭을 전부 '와타시'로 바꾸었더니 그다음부터는 말을 별로 더듬지 않았어요."

호칭에 따라 자신이 취하는 모드가 달라진다는 점은 연기의 요소와 관계가 있어 보입니다. 이전에 제 저서 『말 더듬는 몸(どもる体)』에서도 언급한 바 있는데, 말더듬과 연기는 깊은 관계가 있습니다. 우리는 나날이 생활하는 가운데 상사, 동료, 부모 등 다양한 캐릭터를 연기합니다. 대다수 말더듬이 당사자들은 연기하는 캐릭터에 따라 말더듬 증상의 정도가 달라진다고 말합니다.

---

* 일본어의 일인칭은 매우 다양하다. '와타시'는 공적 자리에서 남녀 공히 사용하는 일인칭이며, 더욱 예의 있게 말하려면 '와타쿠시'를 사용한다. '보쿠', '오레', '지분' 등은 사적 자리에서 사용하는데 상대방과 맺는 관계나 자리의 성격에 따라 각각 다르게 쓰인다. ─ 역주

이를테면 말더듬이가 아닌 사람은 뜻밖이라고 생각하겠지만, 학회 발표 등 사람들 앞에서 이야기할 때 도리어 말더듬 증상이 나오지 않는다는 당사자들이 꽤 있습니다. 사람들 앞에서 이야기할 때는 '똑똑한 캐릭터'나 '선생님 캐릭터'에 완전히 몰입하기 때문이지요. 심리적인 긴장과 말더듬이 반드시 관련되어 있다고는 할 수 없습니다.

야나가와 씨의 일인칭 '와타시'는 점잖고 침착한 어른 캐릭터라고 하겠지요. 야나가와 씨는 그런 캐릭터를 연기해야 제대로 말하기가 쉽기 때문에 '와타시'라는 일인칭을 기준점으로 삼았다고 할 수 있을 것 같습니다.

안정적으로 흔들리는 법

기준이 되는 베이스를 안정시키려는 태도는 야나가와 씨가 체득한 다른 방법에도 나타납니다. 몸에 대한 의식도 그렇습니다. 야나가와 씨는 친구들에게 "왜 그렇게 운동을 열심히 해?" 하는 말을 들을 정도로 자주 달리거나 수영을 합니다.

인터뷰를 진행한 때가 9월 초였는데, 야나가와 씨는 여름방학에도 이틀에 한 번씩 달리기를 했다고 말했습니다. "사흘쯤 달리지 않으면 좀 이상해져요. '운동하라'는 목소리가 들려오는 것 같거든요."

야나가와 씨가 말더듬 증상에 대처하는 데는 신체가 기준점이 됩니다. 따라서 그는 몸의 상태 변화를 늘 민감하게 느끼려고 합니다. 운동은 몸의 목소리를 듣기 위한 필수적인 수단인 셈입니다.

"온갖 운동을 하면서 자기 몸과 직면하다 보면 마치 대화하는 것 같은 기분이 듭니다. 신체를 기준점으로 삼아 몸이 어떻게 하려고 하는지, 어떻게 되려고 하는지, 늘 세심하게 몸의 목소리에 귀를 기울이고 싶습니다. 이런 생각이 아직까지도 내가 열심히 운동하는 이유와 연관이 있는 것 같아요."

그러면 무엇을 위해 '몸의 목소리를 듣는 상태'가 필요한 것일까요? 우선은 기준점이 되는 몸을 안정된 상태로 유지하기 위해서입니다. 그런데 여기에서 안정된 상태란 언제나 상태를 똑같이 유지한다는 의미가 아닙니다.

"옛날부터 심리적으로는 상당히 요동치는 상태가 계속되었기 때문에 오히려 무의식적으로는 신체를 안정시키려고 애썼던 것 같아요."

다시 말해 흔들리는 불안한 마음이 있으니까, 그것에 대응하기 위해 몸의 안정을 구축하려고 하는 것입니다. 불안정을 부정하고 변화를 없애기 위해 안정을 꾀하는 것이 아닙니다. 변화는 어쩔 도리 없이 일어나버리니까요. 오히려 변화를 허용하기 위해 안정을 구축해나가는 것입니다.

이와 같은 입장은 야나가와 씨가 말더듬에 접근하는 방법에 일관되게 나타나는 흥미로운 특징입니다. 일인칭 사용법도 마찬가지입니다. 우선 '와타시'를 안정시키고, 그것을 기준점으로 삼아 '보쿠', '오레', '지분' 등 다른 일인칭을 사용한다고 이야기합니다.

야나가와 씨의 접근법을 상징하는 것이 흔들리는 진자振子 이미지입니다. 바꾸어 말하면 그것은 '하나의 극極을 만드는 것'입니다. 인터뷰 가운데 야나가와 씨는 몇 번이나 진자에 비유해 자신의 상태를 이야기했습니다. 자신의 말더듬 증상을 진자 모델로 파악함으로써 대처가 가능해지는 것입니다.

그때까지 말을 더듬는 증상에 대해 야나가와 씨는 과도하게 민감했습니다. 말더듬에 대해 이런저런 생각이 시시콜콜 가지를 칩니다. 그러나 민감해지면 민감해질수록 말더듬은 심해지고 말지요. 어떻게든 불안해지는 마음의 동요 자체를 조절해보려고 했지만, 아무리 애를 써도 동요 자체를 사라지게 할 수는 없었습니다.

그러다가 대학교 2학년 때 시바 료타로司馬遼太郎의 작품 『언덕 위의 구름坂の上の雲』*을 읽고 나서는, 불안감 자체를 사라지게 하는 것이 아니라 다른 방법을 생각해냈습니다. 그것은 '또 하나의 극을 만드는 것'이었습니다. 한마디로 안정적인 극의

* 근대화로 인해 격변으로 요동치던 메이지 시대를 헤쳐 나가기 위해 분투하던 일본인의 모습을 그린 소설. 일본 NHK에서 대하드라마(2009~2011)로 방영하기도 했다. — 역주

움직임을 설정하는 것입니다.

안정적인 극의 움직임을 만들면 실로 진자처럼 불안정하게 한쪽 극으로 흔들렸다 해도 자연스레 그 자체의 힘으로 언젠가 안정적인 지점으로 돌아오기를 기다릴 수 있습니다. 요컨대 불안정함을 억누르는 것이 아니라 반대 극을 설정함으로써 그 자체의 변화에 몸을 맡기는 일이 가능해진 것입니다.

"좋은 의미에서나 나쁜 의미에서나 흔들리는 폭을 넓히면 무슨 수가 나지 않을까 생각했어요." 야나가와 씨는 말합니다. "물론 어떤 순간에 손을 떠난 진자가 반대 극까지 가버리는 순간이 있지요." 하지만 '와타시'라는 일인칭을 기준 삼거나 운동으로 안정성을 확보해놓으면, 언젠가 자연스레 돌아오리라고 낙관하면서 기다릴 수 있습니다. 진자 모델에 따르고 있을 뿐이라고 생각하면, 부정적인 상황에 과도하게 몰입해 도리어 말더듬을 악화시키는 악순환에 빠지지 않아도 됩니다.

『언덕 위의 구름』을 읽고 야나가와 씨가 발상을 전환한 계기는 이 작품에 등장하는 아키야마 형제의 성격 차이였다고 합니다. '인생을 단순하고 명쾌하게!'를 모토로 삼는 형 요시후루는 단순한 사고방식의 소유자인 반면, 섬세하고 문학적 감각이 뛰어난 동생 사네유키는 자기가 수립한 작전 때문에 수많은 러시아 병사가 죽었다는 사실을 안타까워합니다. 야나가와 씨는 이렇게 회고합니다. "지나치게 민감해서 일을 그르치는 경우도 있구나. 그렇다면 그 반대쪽을 만들어보자. 어쩌면 상황을 좋은 쪽으로 돌릴 수 있을지도 모르겠다, 이렇게 생각했어요."

꽃이 말해주다

그 밖에도 말더듬 증상을 둘러싼 야나가와 씨의 이야기에서 빠뜨릴 수 없는 일화가 있습니다. 놀랍게도 그것은 '꽃꽂이'입니다.

야나가와 씨가 꽃꽂이와 조우한 것은 대학생 시절입니다. 그는 손수 꽃꽂이를 하는 것은 물론, 대학원 과정의 연구 주제로 삼고 있습니다. 말더듬과 꽃꽂이는 전혀 관계가 없는 듯 보이지만, 꽃꽂이를 시작한 동기는 바로 말더듬이었습니다.

대학에 막 입학했을 무렵 새로운 일을 하고 싶다는 막연한 생각을 품고 있던 야나가와 씨는 어쩌다가 이모님 댁에 놀러 갔습니다. 그때까지는 몰랐는데 이모님은 꽃꽂이 선생님이었다고 합니다. 이런저런 이야기를 나누는 동안 이모님은 야나가와 씨가 꽃꽂이에 마음을 빼앗기게 된 결정적인 한마디를 던지셨습니다. 꽃꽂이를 하고 있으면 '꽃이 이야기를 들려준다'는 말이었습니다.

당시에는 아직 말더듬 증상이 매우 심각했기 때문에 이모님의 그 한마디가 '가슴을 뒤흔들었다'고 야나가와 씨는 말합니다. 말을 못하는 자기 대신에 꽃이 이야기를 해준다는 것, 언어

이외에도 전달할 방법이 있다는 것, 여기에서 구원의 희망을 느꼈던 것입니다.

실제로 꽃꽂이를 해보면 '꽃이 이야기해주는 느낌'을 때마다 느낀다고 합니다. 꽂아 놓은 꽃은 그날그날 그 사람의 상태나 기분을 반영합니다. 꽃을 보면 그 사람이 지쳐 있는지, 아니면 활기에 차 있는지를 알 수 있습니다. 야나가와 씨는 자신의 연구 대상인 데시가하라 소후勅使河原蒼風*의 말을 인용합니다. "꽃을 꽂으면 더는 꽃이 아니다. 꽃을 꽂으면, 꽃은 사람이 된다." 야나가와 씨에 따르면 이 말은 "꽃이 그 사람 자체를 반영하고 투영하고 있다"는 뜻이라고 합니다.

플래시백의 공포

이런 식으로 야나가와 씨는 적어도 최근 몇 년 동안 다양한 발상과 분석에 의해 자신의 말더듬 증상과 꽤 거리를 확보한 것으로 보입니다.

그렇지만 앞서 서두에 적었듯, 아직도 다른 당사자가 말을 더듬는 모습을 보는 것은 무척 두렵습니다. 말더듬에 대처하기 위한 방법도 기본적으로 혼자 궁리합니다. 그래서 독창적이지

* 일본의 예술가이자 꽃 조형학자. ─역주

요. 결코 다른 당사자와 의논하지 않습니다.

오해가 없도록 미리 말해두자면, 말더듬이 당사자 중에는 지원 단체 등에서 적극적으로 활동하면서 다른 당사자와 함께 어떻게 말더듬에 대처해나갈지 고민하는 사람도 많습니다. '함께 생각하는' 연대의 접근법은 일본에도 반세기가 넘는 역사를 갖고 있을뿐더러 성과도 두드러집니다. 당사자들의 연대 자체를 부정하는 것이 아닙니다.

그러나 한편으로는 야나가와 씨와 같이 다른 당사자와 관계를 맺지 않고 혼자서 고민하고 연구하고 싶은 사람도 있습니다. 앞에서 인용한 바와 같이 〈시노 짱은 자기 이름을 말하지 못한다〉라는 영화에 대한 트위터상의 반응은 야나가와 씨와 비슷한 사람이 어느 정도 있다는 것을 나타냅니다. 다른 사람이 말 더듬는 모습을 보는 공포는 극복해야 한다는 시각도 있을 수 있겠지요. 하지만 일단은 적지 않은 당사자들이 느끼는 공포가 어떤 것인지 살펴보고자 합니다.

말을 더듬는 사람과 만나면 플래시백이 일어날지도 모른다는 걱정은 야나가와 씨가 실제로 경험한 일에 바탕을 두고 있습니다. 다시 말해 야나가와 씨는 플래시백을 경험한 적이 있습니다. 그런데 그 경험은 다른 사람이 말을 더듬는 모습을 보았기 때문이 아닙니다. 자신이 예전에 말을 더듬어버렸을 때와 비슷한 상황에 놓였기 때문이었습니다.

야나가와 씨는 중학생 때 교단 위에 올라가 반 아이들 앞에서 이야기를 하다가 유치원 때 기억이 불현듯 되살아났다고 합니다. 유치원 때도 여럿 앞에서 이야기할 기회가 있었는데 말을 하지 못하고 말았던 것입니다. "발작을 일으키듯 심장이 몹시 세게 뛰었어요." 비슷한 상황에 놓이자 과거에 느꼈던 위기감이 다시 살아났던 것입니다.

마찬가지로 말더듬이 당사자와 만날 때에도 야나가와 씨는 비슷한 사태가 벌어지지 않을까 추측합니다. "괜찮을 것 같기는 하지만, 개관적으로 보는 힘, 일정한 거리를 두고 보는 힘이 현재 나에게 있는지 없는지 알 수 없기 때문에 걱정이 돼요."

끌려 들어가는 현상

야나가와 씨의 설명에 의하면 플래시백이 일어나는지 아닌지는 다른 사람의 말더듬을 객관적으로 볼 수 있는지 아닌지에 달려 있습니다. 뒤집어 말하면 말더듬이 남의 몸에 일어나는 증상일지언정 주관적으로는 마치 자기 몸에 일어나는 증상처럼 느낀다는 것을 의미합니다. 현시점에서 증상이 아주 가벼워졌고 심리적으로도 말더듬과 거리를 두는 것처럼 보이는 야나가와 씨도 그 점은 마찬가지입니다.

한마디로 말 더듬는 몸을 보면서 느끼는 불안이란 그 모습에 이끌려 자기도 다시 심하게 말을 더듬기 시작할지도 모른다는 불안입니다. 이는 단순히 사건의 기억을 재생하는 것과 다릅니다. 온갖 방법을 강구해 드디어 말이 나오기 쉬운 방식을 습득해놓기는 했어도, 말 더듬는 남의 몸을 목격하는 순간 시계태엽이 거꾸로 감기면서 제어할 수 없었던 과거의 말더듬이 몸으로 되돌아가버릴지도 모릅니다. 거기에는 두 가지 몸의 물리적인 경계를 넘어서서 끌어당김을 유발하는 작용이 있습니다.

물론 말을 더듬는 몸과 대면한다고 해서 실제로 끌려들어가는 현상이 일어나 자기도 말을 더듬기 시작할지 아닐지는 알 수 없습니다. 그러나 적어도 많은 말더듬이 당사자가 다른 사람의 말더듬이 몸을 봄으로써 자신의 발화 토대가 흔들리지 않을까 하는 예감에 사로잡힙니다.

아마도 말더듬이 당사자이기 때문에 말더듬에 대한 예민한 정도가 높아서 그렇다는 점도 지나칠 수는 없겠지요. 말더듬이가 아닌 사람이라면 말더듬이 당사자를 보더라도 '이 사람은 말이 잘 나오지 않는가 보다' 정도로만 생각할지도 모릅니다. 그러나 말더듬이 당사자는 그 사람 몸의 내부에서 일어나는 괴로움과 몸부림을 아주 세세하게 상상할 수밖에 없습니다. 한마디로 '너무 잘 이해하고 마는' 것입니다. 어쩔 수 없이 발동하는 상상을 통해 자기 내부에서 '몸이 말을 더듬는 상태'를 연상해버립니다. 이것이 공포의 실체로 보입니다.

비단 말더듬이 아니더라도 이런 일은 자주 나타나는 현상일지도 모릅니다. 예를 들어 무술 경험자는 그렇지 않은 사람에 비해 다른 사람의 무술을 지켜보기만 해도 호흡의 리듬이나 힘이 들고나는 상태를 알아봅니다. 경험의 축적을 통해 타자의 운동을 이해하는 토대가 마련되어 일인칭으로 경험하는 것입니다. 심리적인 거리와 신체적인 거리를 명확하게 나눌 수는 없지만, 이런 현상은 심리적인 거리를 뛰어넘어 말더듬 증상으로 끌려 들어가는 신체적인 기반이 된다고 할 수 있습니다.

말하는 시스템의 취약함

말을 더듬는 사람을 보는 것만으로 말더듬으로 끌려 들어갈지도 모른다고 느끼는 불안의 원인으로는, 말하는 시스템이란 대단히 취약하다는 말더듬이 당사자의 실감이 깔려 있다고 여겨집니다.

예를 들어 자전거를 탈 줄 아는 사람이 보조바퀴를 달아야 자전거를 탈 수 있는 어린아이를 본다고 해서 갑자기 자전거를 못 타게 되지는 않습니다. 그만큼 자전거 타는 일을 익힌 몸의 시스템은 안정적입니다.

말더듬의 경우는 그렇지 않습니다. '몸에서 목소리를 내는 구조'는 힘들게 겨우 모색해서 몸으로 익혀놓았지만, 별것 아닌 일로 궤도를 이탈해버릴지도 모를 만큼 미묘하고 연약합니다. 더구나 그 구조는 한번 잃어버리면 되찾기가 쉽지 않지요.

이 취약함에 대한 자각이 말을 더듬는 사람을 보는 데 대한 불안과 연결되어 있습니다.

와타나베 아야わたなべあや 씨는 난발성 말더듬이*이자 긴장하기 쉬운 몸의 소유자입니다. 와타나베 씨는 자신이 목소리를 내는 감각을 가리켜 "과즙이 찰랑찰랑한 젤리를 먹을 때 한 방울도 흘리지 않도록 뚜껑을 조심스럽게 여는 느낌"이라고 표현합니다. 이때 젤리는 취약함을 상징합니다. 와타나베 씨는 그림책 작가인데, 선을 그릴 때는 숨이 멎기도 하고 몸에 힘이 들어가기도 쉽기 때문에 작업 기간에는 말이 나오지 않는 경향이 있다고 합니다.

말하는 시스템의 취약함은 의식적으로 개입하고 제어하기 힘든 상태에서 비롯된다고도 할 수 있습니다. 몸에서 언어가 나오는 구조 자체는 무의식적이기 때문에 발성 운동을 의식적으로 조정하기란 불가능합니다. 아니, 그렇기는커녕 어떤 방법으로 말하는 시스템에 의식적으로 개입하려고 하면 도리어 혼란을 초래할지도 모릅니다. 야구 선수가 공을 치는 자세를 바꿀 때와 비슷합니다.

사다키티 씨라는 사람은 현재의 말하는 방식을 그만두고 이전 같은 방식으로 돌아가고 싶다고 합니다. 지금 사다키티 씨

---

* 말더듬 증상 중 발화에 관련된 기관 어딘가에 힘이 들어가(드물게는 부분적으로 힘이 빠져) 말하고자 하는 발성이나 발화가 정지하는 일. —역주

는 '음, 그러니까' 같은 추임새를 잔뜩 넣어 그 힘으로 쉬지 않고 계속 말하는 따발총 발화 유형인데, 최근에는 그런 방식을 버리고 초등학교 고학년 때 취했던 어눌한 방식으로 돌아가려고 합니다.

그런데 그렇게 하면 말하는 방식 자체를 잃어버릴 위험이 있습니다. "말이 나오지 않는 공포가 사라지지 않을지도 모릅니다." 말하는 방식을 바꾸고 싶지만 자신의 의식적인 개입이 파괴적인 결과를 가져다줄지도 모른다는 공포가 떠나지 않는 것입니다.

기억은 자신을 초월한다

야나가와 씨가 자신의 상태를 흔들리는 전자 모델로 파악하는 것도 이와 같은 공포와 연관됩니다. 앞에서 지적한 대로 야나가와 씨의 접근법은 불안정함에 개입해 불안정함을 지워버리는 것이 아니라 흔들리는 운동에 몸을 맡겨 안정적인 상태로 돌아가기를 기다리는 것이었습니다.

말하는 시스템의 취약함을 인정하고 용인하는 방식입니다. 야나가와 씨는 몸을 맡기고 기다리면서 말더듬에 대처해왔습니다. 그렇기 때문에 타자의 몸으로 끌려 들어가 몸의 시간이 거꾸로 돌아간다면, 몸은 진정 손을 쓸 수 없는 아득한 곳으로

가버릴지도 모릅니다.

　여기에서 기억이 결정적으로 자기 자신을 초월한다는 점을 새삼스레 실감합니다. 애초부터 기억이 떠오를지 아닐지는 본인이 조절할 수 없습니다. 때로는 기억이 불러일으키는 효과가 도저히 회복할 수 없을 만큼 나를 뒤흔들 수도 있습니다.

　머리말에 기술했듯 '로컬 룰'이라는 의미에서는 과거의 경험이 그 사람만의 고유한 몸의 양상을 결정합니다. 그렇지만 과거와 단절함으로써 겨우 성립하는 몸도 있습니다. '관계하지 않고' 관계를 맺는 방식이라고 할 수 있을까요? 나의 외부에 놓인다는 한계 안에서만 현재가 성립하는 기억이라는 것도 있을 수 있습니다. 야나가와 씨의 사례는 이러한 기억과 몸의 긴장 관계를 보여줍니다.

에피소드

11

/

기 억 할 수 없 는 몸

언어화할 수 없는 부자연스러움

오시로 가쓰시大城勝史 씨는 약년성若年性 알츠하이머형 치매를 앓는 당사자입니다. 자동차 회사에서 영업사원으로 일하던 마흔 살에 약년성 알츠하이머병이라는 진단을 받았습니다. 지금도 같은 회사에서 세차 담당자로 근무하고 있습니다.

진단을 받은 때는 마흔 살이었지만 몸이 좀 이상하다는 자각은 30대부터 있었다고 합니다. 이를테면 오늘이 몇 월 며칠인지 알 수 없어서 누군가에게 날짜를 묻거나 달력을 확인하는 일이 늘어갔습니다. 이런 증상을 이야기하면 주변 사람들은 "아, 뭐 그럴 수도 있지. 나도 그럴 때가 있어" 하고 아무렇지 않게 대꾸했다고 합니다. 그렇지요. 누구라도 날짜를 잊을 때가 있습니다. 수첩이나 스마트폰에 일정을 적어놓고 들여다보는 사람이 대부분이겠지요.

그러나 오시로 씨가 뭔가를 잊어버리는 방식은 다른 사람과 좀 달랐다고 합니다. 날짜를 알았을 때 '아, 그렇구나' 할 때도 있지만, 끝내 실감이 오지 않을 때도 있었습니다. 다시 말해 정확한 날짜를 말해주어도 납득이 가지 않는 것입니다. "뭐라고 말로 할 수 없는 감정이에요. '어라, 지금이 7월이었어? 흠……' 하는 생각이 들고, 이상하다는 느낌은 있지만 그 이상은 스스로도 이해할 수 없었어요. 그냥 누구나 그렇겠지 하면서 신경을 쓰지 않으려고 했어요."

날짜에 이어 방향을 잃는 일도 늘었습니다. 일하다가 고장난 차를 찾으러 가야 했을 때 분명히 알고 있는 길이었는데 갑자기 알 수가 없었습니다. "'어라, 이 길이 이렇게 어려웠나? 길이 복잡해서 깜빡 잊어버렸나?' 하고 생각했지요."

말할 것도 없이 누구나 길을 헤매는 일이 있습니다. 그래서 주위 사람에게 이야기하면 '그럴 때가 있지' 하는 말을 듣습니다. 그는 자신이 일반적으로 길을 잘 헤매는 사람과는 좀 다르다는 생각이 들었지만 어떤 점이 이상한지는 설명하지 못했습니다. "'다들 이야기하는 것과 난 좀 다른데……' 하고 생각하면서도 말로는 잘 설명하지 못했지요. 그런 일이 전부터 퍽 자주 있었어요. 하지만 병이라고는 생각을 못 해서 '내가 다른 사람보다 좀 심한가 보구나' 하고 납득하는 수밖에 없었어요."

이런 식으로 오시로 씨는 30대에 들어 불편을 느끼는 일이 잦아졌습니다. 기억력이 잘못 작동하고 있다는 지각은 뚜렷했지만, 누구에게나 있을 법한 일이라는 말만 들었기 때문에 자신도 그렇게 생각하고 넘길 수밖에 없었지요.

알츠하이머병은 주로 고령자에게 발생하는 병이라는 인상이 짙습니다. 많은 사람이 그러하듯, 당시의 오시로 씨도 아직 창창한 30대인 자신과 알츠하이머병을 결부시키지 못했던 것입니다. 그때 오시로 씨는 스트레스 때문에 일의 효율이 떨어진다고 생각했습니다. 자신의 부족함을 탓하고 실수할 때마다 구실을 댈 수밖에 없어서 초초한 마음으로 일을 했다고 합니다. "스트레스 때문이라고 자신을 책망했던 시기가 괴로웠어요. 영업 일도 하고 있었는데 지금 생각하면 그나마 잘 버텼다고 생각해요."

오시로 씨는 고객을 상대하다가 잠깐 자리를 벗어나기라도 하면 그사이 고객이 누구였는지 잊어버렸습니다. 그래서 모자를 썼다든가 안경을 썼다든가, 상대의 외형을 의식적으로 외우려고 노력했습니다. 그런데도 생각이 나지 않는 때가 있었지요. 결국에는 휴대전화 등 자신의 소지품을 고객 앞에 놓아두고 자리를 떠났다고 합니다.

동료를 찾을 때에도 '○○ 씨 있습니까?' 하고 말을 걸어 상대의 반응을 기다리거나, 상대가 자신이 찾는 사람이 아니기를 가슴 졸이면서 '○○ 씨 못 봤어요?' 하고 묻곤 했습니다. 요컨대 진단을 받기 전 오시로 씨는 일상생활 곳곳에서 다른 사람이 알아채지 못하도록 온갖 궁리를 짜냈습니다. "모르겠다는 말은 할 수 없었어요. (……) 잔걱정이 산처럼 많았지요."

도무지 알 수 없다

오시로 씨는 40세에 자신의 병명을 알고 난 다음부터 직장에서 실수를 감추어야 한다는 잔걱정을 덜었다고 합니다. 오키나와현에서 처음으로 약년성 치매라는 진단을 받고 외부에 알렸지요. 당혹스러웠지만 신중하게 대처하면서, 코디네이터의 지원을 받아 책 집필이나 강연 등 활발히 활동하고 있습니다.

내가 오시로 씨와 인터뷰를 한 것도 오키나와현에서 강연을 한 직후였습니다. 매우 피로했을 몸 상태인데도 차 안이나 카페에서 열심히 질문에 대답해주었습니다. 그런데 몸의 상태가 어떤지 묻는 가운데 오시로 씨가 반복적으로 한 말이 있습니다. 그것은 '왜 그런지는 모르겠다'는 말입니다. 자기 몸이 한 행동인데도 자신이 전혀 뜻하지 않은 일이었거나 무슨 원인으로 어떤 일을 할 수 없었는지 잘 몰랐다고 합니다.

이를테면 문을 열 때 오시로 씨는 손잡이를 붙잡으려고 하다가 문에 세게 부딪칠 때가 있다고 합니다. 손을 내밀면 손잡이를 잡을 수 있는 위치인데도 힘이 너무 들어가는 바람에 손과 문이 격돌을 일으키는 것입니다.

그럴 때 자기도 모르게 오키나와 방언으로 '아프다'는 말로

'아팡' 하고 소리를 지릅니다. 그것은 '농담 같은 것'이라고 오시로 씨는 말합니다. "내 자신이 깜짝 놀라니까요. 보통 스윽 열리는 이미지를 예상하는데 쾅 부딪치고 마니까요."

일단 자기 몸이 한 일에 대해 놀라고, '왜 그런지 알 수 없으면' 당황합니다. '당연함'을 상실한 감정입니다. 자연스럽게 할 수 있던 일을 더는 할 수 없어진 것, 이것이 오시로 씨에게 일어난 변화입니다.

문을 여는 행위는 일단 익숙해지면 특별히 생각하지 않아도 문제없이 할 수 있습니다. 문의 위치를 확인하고, 문과 손의 위치를 역산해서 손을 내미는 속도를 정하는 식으로 하나하나 통제하는 것이 아닙니다. 그것은 의식하지 않고서도 가능한 '자동 제어'입니다. 선천적으로 타고나는 것은 아니지만 경험의 축적에 의해 제어가 자동화됩니다.

그런데 오시로 씨는 치매 때문에 자동 제어 기능을 잃어버렸습니다. 축적된 경험이 제대로 효과를 발휘하지 못합니다. 당연한 일이 불가능하기 때문에 어떤 일을 할 수 없을 때 왜 그렇게 되어버렸는지 설명할 수 없습니다. '당신은 어떻게 해서 걸을 수 있나요?'라는 질문에 대부분의 사람들이 설명할 수 없는 것과 마찬가지입니다.

오시로 씨는 이렇게 말합니다. "그때까지 무의식적으로 하던 일에 '어라?' 하고 제동이 걸리기 시작했어요. 사람들은 문 손잡이를 잡을 때 보통 의식하지 않잖아요. '자, 문을 열자, 이

정도 거리면 괜찮으니까 손을 내밀자.' 이런 식으로 생각해서 행동하지는 않지요. 그냥 손을 쑥 내밉니다. 그런데 나는 그 순간 뭔가에 붙잡혀 있는 것처럼 멈춰버려요. (……) '어? 지금 이건 뭐였지?', '왜 이러지?' 하고 갸웃거려요. 거북한 느낌이에요. 달리 설명할 도리가 없답니다. 말로 표현할 수 없어요."

30대에 느꼈던 불편함도 '당연함'을 잃어버렸기 때문입니다. 그전에는 딱히 생각하지 않고도 할 수 있었기 때문에 설명할 수 없을 따름입니다. 이는 의식과 몸의 관계가 과거와 달라졌음을 의미합니다.

감을 잃어버리다

자동 제어의 기능이 온전치 못해 벌어지는 현상은 문을 열 때 말고도 온갖 상황에서 일어납니다.

이를테면 회사에서 열리는 조례 시간에 일제히 사훈을 제창할 때도 그렇습니다. 사원들은 입을 모아 한목소리로 '자주 보고 자주 듣고 자주 대화하자' 같은 정해진 말을 외칩니다. 그때 남들과 타이밍을 맞추어 외치려고 아무리 해도 오시로 씨만 한 박자 늦는다고 합니다.

오시로 씨는 물론 사훈의 문구를 잘 외우고 있습니다. 따라서 해야 할 말은 머릿속에 금방 떠올립니다. 그렇지만 소리를 맞추려고 하면 다른 사람보다 늦습니다. "누군가 처음 외치면 호흡을 맞추어 외치잖아요. 나도 호흡을 맞추어야 한다는 것은 알고 있어요. 이런 일은 무의식적이라면 무의식적이라고 할 수 있잖아요. '자, 시-작!' 하는 구령에 맞추는 건 아니지만요. 그런데 난 다른 사람 속도를 따라갈 수 없어요."

타이밍을 맞추지 못하는 증상은 다른 일을 할 때도 나타납니다. 게임을 할 때도 그렇습니다. 야구나 골프 등 비디오게임이 아주 서툴러졌다고 합니다. "'웬일이지? 내가 이렇게 게임을 못했나?' 싶어요. 야구에서는 스윙 아웃을 당하기 일쑤고, 공을 잡으려고 해도 잡을 수가 없어요. 골프를 할 때는 공을 헛치고요. 그러다 보니 게임도 차츰 안 하게 되었어요. 지금까지 무의식적으로 가능했던 일이나 조금만 해보면 금세 감을 잡을 수 있던 일도 지금은 할 수가 없어요."

왜 이전까지는 타이밍을 맞출 수 있었을까요? 타이밍을 맞추려면 공이 어떤 지점까지 오는 데 걸리는 시간과 야구방망이나 골프채가 그 지점에 도달하는 데 걸리는 시간을 정확하게 예측할 필요가 있다는 것을 알 수 있습니다.

그렇지만 실제로 그 예측은 무의식의 차원에서 이루어지는 계산입니다. 이 계산이 가능한 원인은 우리가 축적해온 경험 때문이지요. 경험을 어떻게 사용할지 의식적으로 계산해서 정하는 것은 아니지요. 오시로 씨가 말한 대로 '감'이 작동해야 합니다.

통상적으로는 일단 감을 잃었더라도 얼마 동안 시행착오를 해보면 감이 돌아오기 마련입니다. 매뉴얼을 시행하는 가운데 다시 한번 자동 제어가 가능해지는 것입니다. 그러나 그런 의미에서 오시로 씨의 경우는 기억이 돌아오지 않습니다.

"전에는 아무렇지도 않게 하던 게임이 퍽 서툴러졌어요. 평소에는 몇 번 행동해보면 감이 돌아와 차츰 익숙해지지만 아무리 반복해도 잘 되지 않더라고요. 점점 짜증이 났지요. 그래서 '아, 이제 됐어, 충분해' 하고 그만두어버렸습니다. 그러다가 다음번 휴가 때 '좋아, 다시 한번 해보자' 하고 시도해봤지만 거의 공을 맞추지 못했어요."

비디오게임뿐 아니라 실제 생활에서도 타이밍이 장애가 되는 일은 종종 있습니다. 예를 들어 에스컬레이터에 탈 때 계단의 격차를 시각적으로 판별하기 어려워졌을 뿐 아니라 타이밍을 맞추기 어려워진 탓에 손잡이를 잡지 않으면 탈 수 없다고 합니다.

"그때까지는 몸이 자연스럽게 움직일 수 있어서 그렇게까지 의식적으로 계산하는 일이 없었는데, 행동이 부자연스러워지면서 스스로 타이밍을 맞추지 못하면 에스컬레이터도 타지 못하는 거예요. '어, 왜 이러지? 운동 부족인가? 몸의 균형이 깨졌나?' 하는 생각도 들었어요."

한 칸씩 생기는 에스컬레이터의 계단에 맞추어 발을 내밀고 체중을 싣는 일은 단순한 동작이 아닙니다. 그렇지만 많은 사람들이 익숙해지고 난 다음에는 별생각 없이도 에스컬레이터를 탈 수 있습니다. 그런데 오시로 씨는 그럴 수 없어졌습니다. 그래서 하나하나 동작을 의식해서 에스컬레이터를 타야만 하고, 발을 헛디딜까 무섭기 때문에 되도록 타고 싶지 않다고 합니다.

몸에 맡길 수 없는 어려움

치매라는 말을 들으면 뇌의 병이니까 기억한 정보를 잊어버린다는 이미지가 떠오릅니다. 하지만 오시로 씨와 이야기를 나누어보면 정보에 관한 기억만 잃어버렸다기보다는 신체의 운동이나 감각에 관한 기억까지 잃어버렸다는 것을 알 수 있습니다.

날짜를 잊어버리는 일도 그렇습니다. '오늘이 몇 월 며칠, 무슨 요일인가?' 하는 언어로 표현 가능한 정보만 잃어버리는 것이 아니라 그것을 둘러싼 실감까지 잊어버립니다. 정보는 남에게 묻거나 스마트폰으로 검색해서 보완할 수 있습니다. 그러나 실감이라는 부분은 어디까지나 주관적이지요. 검색 같은 방법으로는 되찾을 수 없습니다.

이 책의 제목은 '기억하는 몸'입니다. 그런데 '기억하는 기능을 가진 몸'을 무조건적인 전제로 삼을 수 없어지는 것이 바로 치매입니다. 기억은 우리에게 그때그때 굳이 생각하지 않아도 되는 자동 제어의 편리함을 제공해줍니다. '몸에 맡기는 일'이 가능한 것입니다. 하지만 치매의 경우에는 '몸에 맡기는 일'이 불가능합니다. 늘 생각하면서 행동해야 합니다.

오시로 씨는 그러한 어려움을 가리켜 '절전 모드가 없다'고 표현합니다. "엄청나게 금세 지치기 쉬운 상태가 되었어요. 왜 이렇게 곧장 피로해지는지 생각해봤는데요. 다름 아니라 여러 가지를 의식하지 않으면 행동할 수 없기 때문인 것 같아요." 오시로 씨는 이런 말도 합니다. "절전 모드가 없어서 늘 전력全力 모드로 움직여야 하니까 피곤하기도 할 테지요. 다른 사람은 그냥 걸어도 되는 곳을 난 언제나 달려야 하니까요."

오시로 씨가 아닌 다른 치매 당사자는 버튼을 누르는 일에도 '손가락에 명령을 내려야 한다'고 토로했습니다. 엘리베이터를 타려고 해도 "난 지금 3층에 가니까 3이라고 쓰여 있는 버튼을 눌러야지" 하고 손가락에게 가르쳐주어야 한다고 말이지요. 그런 식으로 의식하지 않으면 무슨 일을 하는지 알 수 없어진다고 합니다. 행위를 잘게 나누어 하나하나 단계를 의식해야 하니 금세 소진될 만합니다.

따라서 피곤을 느끼기가 무척 쉽습니다. 오시로 씨도 직장에서는 정기적인 낮잠으로 휴식을 취할 필요가 있다고 합니다. 사람마다 휴식하는 법이 다르겠지만, 오시로 씨에게는 잠을 자는 것이 최고라고 합니다. "직장에 가면 조용한 곳에서 잠을 잘 수 있으니까 다행이에요. 현재 나에게 가장 필요한 것은 피곤

할 때 자는 것이니까요."

피로를 느끼는 것은 비단 일할 때만이 아닙니다. 즐거운 일을 하더라도 절전 모드를 쓸 수 없기 때문에 녹초가 되어버립니다. "평소에 혼자 집에 멍하니 있을 때도 피곤하기 때문에 정말로 성가시다고 할까, 머리가 고생이 많다는 생각이 들어요. 일을 할 때도 그렇고, 가족과 외출해서 즐겁게 시간을 보낼 때도 도중에 빨리 집에 가고 싶어져요. 무슨 일을 하더라도 머리가 늘 100퍼센트 회전 상태에요."

자기 자신을 되찾는 탐정

오시로 씨와 함께 행동하다 보면 실로 '100퍼센트 두뇌 회전'이 확연하게 눈에 보일 때가 있습니다.

인터뷰하는 날 오시로 씨의 강연에 동행했습니다. 서류에 이름을 적으라는 말을 듣고 갑자기 펜을 쥔 오시로 씨의 손이 딱 멈추더군요. 찰나였지만 '오시로'까지 쓰고 동작을 머뭇거리는 장면이 보였습니다.

"서류에 이름을 적으면서 한순간 '아 참, 내가 지금 이름을 쓰고 있었지?' 하고 생각했어요. '오시로'라고 쓰고 나서 '어라? 뭐지?' 하는 생각이 스쳤고, '아, 그렇지, 이름을 쓰고 있었지, 나한테 서류에 사인을 해달라고 했지' 하고 생각했어요."

다시 말해 그때 오시로 씨는 이름을 잊어버린 것이 아니라 자신이 행동하는 상황을 순간 이해할 수 없었던 것입니다. 딴 생각을 하다가 잊어버렸다는 뜻이 아닙니다. 한창 행위를 하는 도중에 스스로 무슨 일을 하는지 알 수 없어진 것입니다. 에어포켓* 같은 시간은 이렇듯 예상치 못한 순간에 불현듯 찾아옵니다.

그럴 때 오시로 씨는 힌트가 될 만한 정보를 모아 상황을 이해하려고 합니다. 우선 앞에 놓인 서류를 보고 '오시로'라는 글자를 읽을 수 있습니다. 그것은 자기가 이름을 쓰고 있는 중이라는 뜻이고, 그것은 사인을 부탁받았기 때문이라고 생각합니다. 이런 상황이야말로 가히 두뇌의 100퍼센트 회전을 보여주는 것 같습니다.

두뇌를 100퍼센트 회전시키는 일은 무척 힘들지만, 상황을 파악하기 위한 실마리는 대개 자신의 주위에 있습니다. 혼란에 빠지지 않고 냉정하게 정보를 모으면 자신이 어떤 상황에 놓였는지 복원할 수 있습니다.

마치 수수께끼로 변해버린 자기 자신을 되찾는 탐정 같습니다. 더구나 그때 실마리가 되어주는 것은 자기가 환경 속에 남긴 다양한 흔적입니다. 자기가 남긴 실마리를 바탕으로 자기를

* 비행 중인 비행기가 함정에 빠지듯이 하강하는 구역. 보통 공기가 희박하기 때문에 일어나는 현상이다. 비행기가 이 구역으로 들어가면 속력을 잃고 불안정해진다. ─역주

되찾는 일, 이것이 오시로 씨가 겪어내는 일상입니다.

객관과 실감의 격차를 메우는 법

자기가 남긴 실마리를 바탕으로 자기 자신을 되찾을 때, 앞에 언급한 예에서는 마침 쓰다 만 서류처럼 어쩌다가 그곳에 남아 있는 것이 힌트가 되었습니다.

오시로 씨에게 중요한 것은 남아 있는 힌트만이 아닙니다. 의식적으로 힌트를 남기는 요령, 즉 기록에도 신경을 써야 합니다. 그것이 '메모리 노트'입니다. 작은 노트를 목에 항상 걸고 어디로 가는지, 무엇이 있었는지를 꼼꼼하게 적어 넣습니다. 이것이 있으면 외출할 때 곤란하지 않을 뿐 아니라 귀가한 다음에도 사건의 기록이 남아 힌트가 됩니다. 오시로 씨의 저서 『치매에 걸린 나는 '기억보다 기록'認知症の私は「記憶より記録」』을 읽어보면 자세한 이야기가 나와 있습니다.

메모리 노트가 기억의 대체물이라고 생각할지도 모르겠지만 꼭 그렇지는 않습니다. 일정 메모 같은 기록은 분명 기억의 대체물이 될 수 있겠지요. 버스에서 내려야 할 역을 잊어버렸을 때는 노트를 확인하면 됩니다. 하지만 이미 일어난 일에 관해서는 그렇지 않지요. 일어나버린 일에 관해서는 '기록이 기억의 대체물이 되어주지' 않기 때문입니다.

왜 그럴까요? 오시로 씨에 따르면 기록은 '객관적인 사실'에 지나지 않기 때문입니다. 마치 날짜를 달력으로 확인할 때와 마찬가지로 메모리 노트에 적힌 기록을 읽더라도 그때 있었던 일이 생생하게 되살아나지는 않습니다. 기록은 상황을 복원하기 위한 실마리는 될 수 있을지언정 기억에 필요한 실감을 부여해주지는 않기 때문입니다.

진짜 흥미로운 일은 이제부터입니다. 오시로 씨는 사건을 객관적으로만 지각할 수 있다는 압박에 얽매여 있지 않습니다. 사건을 기억해내려고 정색하고 골머리를 앓지 않지요. 오시로 씨는 고민했습니다. '객관'과 '실감'의 격차를 어떻게 메우면 좋을까? 그리고 이 문제를 아주 창의적인 방식으로 해결하고 있습니다.

오시로 씨는 인터넷에 개설한 블로그에 일기를 쓰고 있습니다. 그때 메모리 노트의 기록을 참조해 '분명히 이랬을 거야' 하고 상상하면서 글을 쓴다고 합니다. 이것은 기록을 실마리로 삼아 실제로 있었던 일이 어떠했는지 기억을 더듬는 것이 아닙니다. 오히려 상상력을 활용해 '있었을지도 모르는 사건'의 이미지를 부풀리는 작업입니다.

"스스로 이야기를 만들고, 혼자 재미있어한다고 할까요? '악의 없는 거짓말'이라는 말도 있지만, 그런 것까진 아니고 '이쯤 해두면 좋겠지' 하는 선에서 지어냅니다."

과연 어떤 식으로 상상하는 것일까요? 오시로 씨는 주사를 맞으러 간 날을 예로 들어 이야기해주었습니다. "예를 들어 지금 노트에 '주사의 흔적. 귀여운 반창고를 붙이고, 아내와 딸이 폭소. 피로도 조금 날아갔다'고 쓰여 있어도, 내 안에서는 무슨 일이 있었는지 알 수가 없어요. 무슨 검사를 받느라고 주사를 맞았는지, 아니면 영양제 주사를 맞았는지 알 수 없지요. 하지만 블로그에는 이렇게 글을 쓰는 겁니다. '오늘 병원에 갔는데, 주사 맞는 것이 정말 무서워서 가슴 졸였습니다. 집에 돌아와보니 병원에서 귀여운 반창고를 붙여준 바람에 아내와 딸이 폭소를 터뜨리더군요. 의사 선생님은 일부러 이런 반창고를 붙여준 걸까요?' 이런 식으로 살짝 덧붙여가면서 이야기를 만들어 글을 쓰곤 합니다."

사실 그대로 생각해내려는 일을 고집한다면 객관적인 기록은 상실의 상징으로 머물고 말겠지요. 그렇지만 리얼리티를 느끼는 데 중점을 둔다면 사건을 다시 한번 체험하는 기회가 됩니다. 기억이 없기 때문에 도리어 사건을 재차 즐길 수 있다는 점이 멋져 보이기까지 합니다.

오시로 씨가 이런 접근법에 도달한 데는 '블로그라는 매체에 올리는 글'을 준비하고 있었다는 요인이 작용했습니다. 한마디로 오시로 씨는 블로그에 글을 올리기 위해 단순히 자기에게 필요한 비망록이 아니라 독자가 읽을 만한 글을 쓸 필요가 있었습니다. 자기 자신을 위한 것이었다면 메모리 노트의 기록만으로 끝났을지도 모르지만, 독자라는 존재를 상정했기 때문에 '이야기를 지어낸다'는 발상에 이르렀던 것입니다.

"'아내와 딸이 폭소를 터뜨렸다'고만 하면 아무것도 전해지지 않아요. 어떤 분위기에서 어떤 느낌으로 웃었는지, 아내와 딸이 손가락으로 반창고를 가리켰는지 아닌지, 이러저러하게 상상을 해봅니다. 생각이 날 때는 생각난 것을 쓰지만, 거의 대부분 생각이 나지 않거든요."

뒤집어 말하면 기억이 나지 않는다는 점 때문에 오시로 씨는 필연적으로 스스로 독자의 입장이 되었다고 할 수 있습니다. 오시로 씨는 자신에게 일어난 일도 기껏해야 독자와 비슷한 수준으로만 알 수 있을 따름입니다. 그렇기 때문에 오히려 있었던 일을 새삼스레 다시 즐길 수 있습니다. 코페르니쿠스의 전환 같은 발상입니다.

나는 '독자의 입장'이야말로 오시로 씨가 기억을 잃어버린 몸일지언정 미래 지향적인 자세로 살아갈 수 있는 요인이 아닐까 생각합니다. 오시로 씨는 이렇게 말하더군요. "내 안에는 상상이라고 할까, 이미지가 늘어나고 있어요. '이걸 어떻게 하면 잘 전달할 수 있을까?' 하고 열심히 있는 힘껏 생각해내려고 하지요. 그러다보면 어느새 멋대로 갖가지 이미지가 만들어지고, '아아, 이건 이렇겠구나' 하고 상상이 펼쳐져요."

기억은 축적이라는 의미에서나 상실이라는 의미에서나 현재 자기 몸의 상태를 크게 좌우합니다. 대부분의 경우 그것은 본인이 어떻게 손쓸 도리가 없이 일어나는 변화입니다. 그렇게 어쩔 도리가 없는 것에 과연 어떻게 대처해야 할까? 오시로 씨의 접근법은 긍정적인 힌트를 제시해주는 듯합니다.

에필로그 │ 신체의 고고학

예전에 말더듬이 당사자들 몇 명과 이야기를 나누다가 '궁극적인 물음'이 화제에 오른 적이 있습니다. "만약 눈앞에 말더듬을 고칠 수 있는 약이 있다면 먹겠습니까?"

물론 현실적으로 말더듬을 치료하는 약은 존재하지 않습니다. 어린이를 위한 지원 프로그램이나 당사자에 의한 지원 단체 활동은 존재하지만, 애당초 말더듬은 원인조차 특정할 수 없는 장애입니다. 적어도 현시점에 투약이나 수술 같은 수단을 통해 의학적으로 치료하는 방법은 없습니다. 그런데 만약 그런 마법 같은 약이 존재하면 어떨까요? 부작용도 없고 복용하는 것만으로 금방 유창하게 말을 할 수 있다면……?

뜻밖에도 그 자리에 있던 모든 사람이 NO라고 대답했습니다. 도대체 이 NO라는 반응은 어떤 의미일까요?

일반적으로 장애는 부정적이라고들 생각합니다. 그들이 말더듬 때문에 고통을 받고 있는 것도 틀림없는 사실입니다. 어릴 적 말더듬이라는 이유로 놀림을 당한 사람도 있지요. 말을 더듬지 않는다면 얼마나 좋을까? 이렇게 생각하는 것이 자연스러워 보입니다.

실제로 그들도 술술 말이 나오는 감각을 맛보고 싶다고 말합니다. 말더듬을 의식하지 않고 사람들과 이야기하면 어떤 느낌일까 체험해보고 싶다고 말입니다. 그런데도 말더듬 증상이 영원히 사라져 없어지는, 그런 약은 필요 없다고 말합니다.

그들에게 '말더듬이라는 존재'는 아이덴티티가 되어버렸구나. 말더듬 증상을 긍정적으로 바라보고 '말더듬이 있는 내가 바로 나 자신'이라는 의식이 있구나. 어쩌면 이런 식으로 생각할 수 있을지도 모릅니다. 하지만 나는 이 점에 관해서 좀 더 깊이 있게 이야기할 수 있지 않을까 생각합니다.

중요한 것은 말더듬을 비롯해 어떤 장애를 가진 인간으로서 '존재한다'는 것이 아닐까요? 아니면, 장애가 있는 몸과 더불어 살아가고, 무수한 탐색과 요령을 쌓음으로써, 조금이라도 자신에게 편한 몸을 만들기 위해 분투해온 기나긴 시간의 축적이야말로, 유일무이하고 무엇과도 바꿀 수 없는 몸으로 그 사람의 몸을 만들어주는 것은 아닐까요? 한마디로 ○○이라는 '속성'이 아니라 자기 몸과 함께 지내온 '시간'이야말로 그 사람의 신체적 아이덴티티를 형성하는 것이 아닐까요?

말더듬 증상이 있는 사람들 대부분은 자신이 더듬거릴 것 같은 말을 내뱉기 직전에 알아채는 예민한 감각을 지녔습니다.

또는 더듬거릴 것 같은 말을 비슷한 의미의 다른 말로 즉석에서 바꾸어 말하면, 문제없이 술술 말할 수 있다는 것을 알고 있습니다. 그런 사람들은 언어를 조종하는 조작 능력의 일부에 '말더듬'이라는 요소가 포함되어 있습니다. 그들의 언어 시스템은 오랜 시간을 들여 말더듬과 함께 성립해온 것입니다.

선천적으로 귀가 들리지 않는 사람 중에는 어릴 적부터 수화를 통해 소통하면서 성장한 덕분에 수화를 쓰는 사람의 고유한 감각 방식이나 정보 처리 방식을 발달시켜온 사람이 있습니다. 그런 사람은 청인이 사용하는 언어를 통해서는 자신의 생각을 충분히 전달할 수 없다고 합니다. 왜냐하면 수화라는 언어를 통해 세계를 보는 시각을 배우고, 수화를 바탕으로 한 문화를 통해 자기 자신을 형성해왔기 때문입니다.

어떤 사람의 몸은 그 사람이 자신의 몸과 함께 지낸 시간에 의해 만들어집니다. 주어진 조건 속에서 자기 몸에 잘 대처하려면 어떻게 하면 좋을까? '자기 몸과 마주하는 노하우'야말로 그 사람의 감각이나 생각과 직접 결부되어 있습니다.

자, 그러면 마법의 약을 먹고 한순간에 장애가 사라진다고 하면 어떨까요? 틀림없이 번거로움으로부터는 해방될지도 모릅니다. 하지만 그것은 자신의 몸과 함께 살아온 시간을 원점으로 돌려놓는 일입니다. 그것은 영원히 자신의 몸을 부정한다는 의미입니다.

이 책은 시간의 축적을 통해 신체의 아이덴티티가 만들어지는 양상을 열한 가지 에피소드를 통해 그려내고자 했습니다. 비록 각 장이 다루는 장애는 제각각이지만, '그 사람의 신체다움'과 기억의 관계를 둘러싼 질문이라는 주제는 공통적입니다. 다만, '과거의 기억이야말로 전부다!' 하는 말을 하고 싶은 것이 아닙니다. 이 점은 오해하지 말았으면 합니다.

앞에 나온 '궁극적인 물음'에 대해서 이어 말하자면, 이 책은 '약을 먹지 말라!'고 주장하는 것이 아닙니다. '약을 복용하는' 가능성도 있는 편이 좋지요. 말더듬 증상에는 해당하지 않지만, 다른 장애에 관해서는 '약을 먹는' 선택을 하는 당사자도 있습니다.

몸의 기억은 웅덩이에 빗물이 고이듯 자동적으로 축적되지 않습니다. 물론 몸에는 마음먹은 대로 되지 않는 부분, 실로 비가 내릴 때처럼 잠자코 바라볼 수밖에 없는 부분도 있습니다. 장애의 상태가 변화하거나 병에 걸리는 과정은 정도의 차이는 있을지언정 대개 그렇습니다.

그렇지만 우리는 자기 몸에 대해 개입할 수도 있습니다. 시행착오 끝에 어떤 요령을 발견할 수도 있고, 다른 누군가의 힘을 빌려 자기 몸의 가능성을 발굴할 수도 있습니다. 다시 말해 몸의 기억이란 두 가지 작용이 서로 얽혀 성립합니다. 하나는 잠자코 바라볼 수밖에 없는 자연 작용의 결과라는 측면이고, 또 하나는 의식적인 개입이 가져다주는 인위의 결과라는 측면입니다.

이 가운데 '인위'의 측면은 그 사람의 성격, 취미, 직업 같은 개인적 조건뿐 아니라 그 사람이 태어난 시대, 그 당시 사회적 상황에 따라 상당히 달라집니다. 자기 몸에 어떻게 개입하느냐는 그 사람이 이용할 수 있는 과학기술의 수준과도 밀접하게 관계가 있기 때문입니다.

에피소드 7에서 다룬 가와무라 씨 이야기는 근전의수의 기술적 수준과 보급에 관한 현시점의 상황을 전제로 삼고 있습니다. 지금 근전의수는 3D 프린팅 등 기술 발달에 힘입어 기존보다 월등하게 저렴한 값으로 손에 넣을 수 있습니다. 가와무라 씨의 세대는 이른바 근전의수 제1세대가 될 수도 있습니다. 가와무라 씨 같은 근전의수 제1세대는 근전의수가 없는 상태에서 성립한 몸이 어떤 상태인지 잘 알고 있습니다. 본문에서도 분석했듯 '양손이라는 감각이 없는 몸'으로 살아간 경험을 갖고 있습니다.

그렇지만 다음 세대는 철이 들락 말락 할 무렵부터 근전의수를 사용해 생활할 가능성이 있습니다. 말하자면 거의 날 때부터 근전의수와 함께한 '근전의수 네이처'입니다. 아직 소수지만 이미 근전의수를 달고 생활하는 어린이도 있습니다. 그런 세대에게는 '의수와 자기 손으로 이루어진 양손' 감각이 당연해질지도 모르고, 그렇게 되면 앞 세대와 '세대 차이'가 생길 것입니다. 또한 성장한 '근전의수 네이처' 어린이가 부모가 마련해준 근전의수를 싫어해서 의수 없이 외손으로 살아가는 것을 선택할 가능성도 있습니다.

근전의수 이외에도 VR 기술, 인공 귀, 유전자 치료, 출생 전 판단 등 우리 몸을 둘러싼 과학기술은 나날이 진보하고 있습니다. 그리고 그 결과, 우리가 자기 몸이나 가족의 몸에 개입할 수 있는 '인위'의 영역은 넓어지고 있습니다.

본래 기술이 있으면 어느새 사용하는 것이 당연해지고, '사용하지 않는' 선택이 오히려 어려워지는 것도 인지상정입니다. 인간 몸에 철저하게 개입해 그 능력을 높이고 사이보그 몸으로 만들어가는 것이 결과적으로 본인의 행복으로 이어질지 아닐지는 별개의 문제로 생각해야 합니다. 어떻든지 어느 시대, 어느 사회적 환경에 놓이든 그것에 따른 선택지의 폭이 있기 마련이고, 각자 선택을 통해 자기 몸을 만들어갑니다. 이 사실은 과학기술이 아무리 발달한다고 해도 변하지 않습니다.

그러한 선택 가운데는 당연히 '기억을 초기화하는 것'도 있을 수 있겠지요. 살아가는 도중에 근전의수를 사용한다는 것은 그런 의미입니다. 에피소드 9에 나온 정현환 씨처럼 건강했던 몸의 기억과 결별함으로써 현재의 몸으로 살아갈 수 있는 사람도 있습니다. 에피소드 11의 오시로 씨는 처음부터 선택한 것은 아니지만, 기억을 잃어가는 몸에 어떻게 대처할지가 과제입니다.

절단이나 상실을 포함해 자연과 인위가 섞여 있는 기억의 장으로서 몸에 대해 이야기하는 것, 그것이 이 책의 목적이었습니다.

반복해서 말씀드리지만 '기억의 축적이 중요하다!'고 주장하려는 것이 아닙니다. 오히려 현재 여러 당사자 몸에서 일어나고 있는 자연과 인위의 다양한 섞여듦에 대해 기술하려고 했습니다. 그렇기 때문에 이 책은 아마도 '20세기 초 일본의 과학기술 상황을 배경으로 삼은 몸의 기록'이 될 것입니다. 30년 후에 인류가 이 책을 읽는다면 마치 흑백텔레비전을 보는 것처럼 향수를 느낄지도 모릅니다. "흐음, 30년 전 인류의 몸에는 이런 감각이 있었구나!"

신체의 고고학이라는 분야가 있다면, 이 책이 후대에 신체의 고고학적 자료로 읽힌다는 것은 저자인 나에게 더할 나위없이 기쁜 일입니다. 그리고 가능하다면 단순히 '과거 어느 시점에 존재한 몸의 기록'만이 아니라 '현자들의 지혜를 담은 책'으로 읽혔으면 좋겠습니다. 바꾸어 말하면 미래 시대를 살아가는 몸들에게 어떤 실마리나 길을 제시하는 책이 되었으면 좋겠습니다. 왜냐하면 아무리 과학기술이 발달한다 해도 마음먹은 대로 되지 않는 몸과 인위적으로 개입한 몸 사이에서 인류는 번민하고 또 새로운 지점을 발견해갈 것이기 때문입니다. 조건은 달라지겠지만 질문의 본질은 동일합니다. 그것이 몸을 가진 인간의 숙명이기 때문입니다.

이 책은 2017년 2월부터 2년 동안 춘추사春秋社의 웹매거진에 격월로 연재한 원고를 바탕으로 집필했습니다. 에피소드 1부터 에피소드 10까지는 연재 당시 원고를 대폭 수정하여 다시 썼습니다. 에피소드 11, 머리말, 맺음말은 이 책을 위해 새로 썼습니다.

　우선 인터뷰에 흔쾌히 응해주고 각 에피소드의 주인공이 되어준 열두 명 인터뷰이에게 감사드립니다. 니시지마 레나 씨, 이노우에 고이치 씨, 오마에 고이치 씨, 간바라 겐타 씨, 나카세 에리 씨, 기노시타 도모타케 씨, 구라사와 나쓰코 씨, 가와무라 아야토 씨, 모리 가즈야 씨, 정현환 씨, 야나가와 다키 씨, 오시로 가쓰시 씨. 여러분이 자신의 몸과 어떻게 마주하면서 살아가는지 이야기해주지 않았다면, 이 책이 의도한 기억을 둘러싼 탐구는 한 발짝도 앞으로 나아갈 수 없었을 것입니다. 진심으로 감사합니다.

　이 책이 21세기 초의 인류 신체에 관한 기록에 지나지 않듯, 이 책에 기술한 내용은 당사자 여러분 인생 가운데 어느 시점의 기록에 지나지 않습니다. 이미 여기에 기술할 때와는 상태가 달라진 사람도 있을지 모릅니다. 부디 앞으로도 여러분의 변화에 대해서 가능한 만큼 알려주시면 좋겠습니다. 그리고 독자 여러분은 이것이 어느 한때의 기록에 지나지 않는다는 점을 염두에 두고 읽으시길 바랍니다.

　연재 당시부터 이 책의 완성까지 함께 해준 춘추사 편집부의 시노다 리카篠田里香 씨에게도 감사를 전합니다. 시노다 씨는 장작불의 달인 같은 사람이었습니다. 사고하고 글을 쓰는 일은 사소한 일로 기운이 나기도 하고, 반대로 기운을 잃기도 합니다. 어떻게 하면 계속 활활 타오르게 할 수 있을까? 시노다 씨는 마치 불을 조절하는 기술을 숙지한 사람처럼 적절한 타이밍에 풀무질을 하거나 장작을 넣어주었고, 때로는 함께 활활 타올라주기도 했습니다. 서적 출간을 위한 원고를 마무리할 때는 시노다 씨의 든든한 말이 듣고 싶어서 원고를 조금씩 나누어 보낼 정도였습니다.

그 밖에도 미처 여기에 적지 못한 많은 사람들의 협력으로 이 책을 세상에 내놓습니다. 감사합니다.

2019년 여름
다람쥐와 토끼가 뛰어노는 푸르른 보스턴에서
이토 아사

기억하는 몸
── 새겨진 기억은 어떻게 신체를 작동시키는가

초판 1쇄 발행 · 2020년 6월 25일

지은이 · 이토 아사
옮긴이 · 김경원
펴낸이 · 조미현

책임편집 · 정예인
디자인 · 나윤영

펴낸곳 · (주)현암사
등록 · 1951년 12월 24일 (제10-126호)
주소 · 04029 서울시 마포구 동교로12안길 35
전화 · 02-365-5051   팩스 · 02-313-2729
전자우편 · editor@hyeonamsa.com
홈페이지 · www.hyeonamsa.com

ISBN 978-89-323-2064-9

이 도서의 국립중앙도서관 출판예정도서목록(CIP)은 서지정보유통지원시스템 홈페이지
(http://seoji.nl.go.kr)와 국가자료공동목록시스템(http://www.nl.go.kr/kolisnet)에서
이용하실 수 있습니다.(CIP제어번호 CIP2020022452)